ジャック＝アラン・ミレール 監修

森 綾子 訳

精神分析の迅速な治療効果

現代の
生きづらさ から解放されるための症例集

福村出版

精神分析の迅速な治療効果——現代の生きづらさから解放されるための症例集†　目次

†　副題は原書と変更されている。
*註　各章の副題は訳者による。

献辞

この書物の最初の読者として、その冒頭に姿を見せるようにとの提案が私になされたのは、まさにこの語[1]によってでした。私はこの「会話」[2]にたいしこころから感銘を覚えましたが、そのせいで緘黙にも陥ったものです。しかしシラノの「鼻」をめぐる心意気[3]にならって、それを乗り越えることに致しました。ですから最初の読者であるという特権にたいして、私としてはこの最初の努力で応えているつもりなのです。

ここで提示された六つの症例のひとつひとつによって、またそれらの症例が連続することによって、身震いしないでいられるなどということが、どうしてあり得るでしょうか。ジャック＝アラン・ミレールが使用した用語を再び用いるなら、最初の三つの症例は範例的なものです。それらは以下の三つの意味で例証的と言えます。①ただ一つのものであること、つまり他に似たようなものが存在しないこと。②モデルとなるこ

1 （訳注）「献辞」、フランス語でEnvoiのこと。この語には、発送（品）、派遣の意もある。

2 （訳注）Conversation　このバルセロナにおける臨床検討会は、原文では一貫して大文字のCからはじまる「会話」と呼ばれており、また討論の意味でもこの語が用いられている。訳者あとがきを参照のこと。

3 （訳注）原文はsous les augures du «nez» de Cyrano。シラノ・ド・ベルジュラックはエドモン・ロスタンの戯曲が有名である。騎士である主人公は大きな鼻がコンプレックスでロクサーヌに愛を告白できず、別人クリスチャンの名を借りて恋文を送り続け、クリスチャンが死んでもなお何も告げずにロクサーヌに献身的に尽くす。シラノの死の直前にはロクサーヌはその事実に気が付いたが、そのシラノの最期の言葉が「俺が天国に持って行くものは俺の〈心意気〉だ」である。

と、つまり他のすべての症例にとって学ぶところが多いこと。③ある系列の諸要素であること、つまりそれぞれがほかの症例と同様に、同じ機能の要請に応えていること。また後半の三つの症例は、将来古典的なものとなる――つまり経験を積もうとする人たちによって研究されるだろう――と思います。ご存じのことでしょうが、精神分析家がもし経験を積もうとしなくなるなら、その人はもう分析家ではありません。

しかしながら、読者の方々にあっては、身震いには気をつけて、盲目的にならないように注意してほしいと思います。この「会話」の参加者たちが例外なくそうしているのにならって、研究に取りかかり、これらの症例から学ぶことに致しましょう。なぜならこの「会話」もまた、範例的で古典的なものだからです。

範例的であると言いました。それは、他のあらゆる「会話」と同様、この「会話」もまた、比類のない各自の訓練と欲望から生じているからです。まず症例が選ばれ、その資料の発送と受け取りがなされます。症例とその結末、症例から引き出せること、付随する諸問題について、各自が熟考します。それから皆でその考察を分かちあい、交換しあい、ぶつけあいます。そして結論の時を迎え、新たな範例が不意に出現します。この読書のなかで私たちが参加しているのは、まさにそういった事柄なのです。つまり、論理的時間の呼吸に従った、ある新しい概念の練り上げに、私たちは立ち会っているのです。

今回、そしてほかの「会話」のなかでも、読者がまずこの驚くべき発明を目の当たりにして、次にそれを入念に磨きあげることを私は願っています。これがピレネー山脈の向こうでなされた入念な作業であり、それを光という光が照らしに来て、山脈のこちら側にもその輝きを留めおくということは、私にとっての喜びです。

私たちの手による精神分析の応用が、素行の良し悪しの問題に属しているのではなく、一つの論理に属しているということを、私はこの書物で確認できました。ヨーロッパ・シャン・フロイディアンが存在している証拠を、私はここで目にすることができました。異なっていながら同種の範例[4]という、標準的な概念とはまったく異なる概念がここでは働いています。ラカンの「あなたは知ることが許されている」[5]という言葉によって拓かれた道を行くと決めた人々が、（まさに標準的なものなしに）異なっていながら同種であるクラスを、駆け回っています。各自の決意に向けられた、この「あなたは許されている」のために、私たちは今日闘わなくてはならないのです。

この「会話」は私たちの決意にさらなる闘志を与えるものです。そうとは知りませんでしたが、ここに至るまでに思っていた以上の武器を手にしていたということを、この「会話」は私たちに教えてくれます。標準的なものはなく、しかし諸原理がないわけではない[6]、これこそが、ラカン的オリエンテーションが参加《アンガジェ》する闘いのなかで、それを実践することであり、実践を生むものでもあるのです。

２００５年４月10日　　ジュディット・ミレール[7]

4（訳注）Les mêmes paradigmesが原文。この本で紹介される個々の症例は、症状や歴史などいろいろな点で異なっており、単純に共通点を見出すことはできない。しかし、唯一つ共通点を設定することができるのは、分析家との面接を介して、迅速な治療効果を得たと思われる点である。この機能論的観点からすれば、これらの症例は、迅速な治療効果を示す「範例」となる。

5（訳注）ラテン語scīre licet。この語の縮まった語Scilicetという題が、パリフロイト学派の雑誌につけられた。J. Lacan, Introducion de *Scilicet* au titre de la reuve de l'École freudienne de Paris, in *Autres écrits*, Paris, Seuil, 2001, p.283.

6（訳注）２００４年にコマンダトゥバ（ブラジル）にて開催のＡＭＰ第４回大会のテーマ「精神分析のラカン的実践」の副題。

7（訳注）Judith Miller（1941–2017）：精神分析家にはならなかったが、ジャック・ラカンの娘として、シャン・フロイディアンが関わる精神分析の普及運動に尽力した。

まえがき

毎年バルセロナで開かれるシャン・フロイディアン協会主催の臨床的「会話」には、スペイン全土から多くの教師と学生が集います。私たちはそこで自分たちの実践のあり方を振り返り、ラカン的オリエンテーションの諸原理に合致した方策、[1]症状に関する一つの方策をいかに保証するかを導き出しています。協会の主導者ジャック゠アラン・ミレールの一貫した参加と協力によって支えられているこの出会いは、年を重ねるごとに、臨床研究にとってますます重要な時となっています。そこで私たちは症例ごとにその提示とコメントを行い、私たちの仲間の一人によってなされた治療の個別性に関して、分析実践の諸原理に照らした批判と討論へと進みます。検討会の影響は、スペインばかりかその国境を越えて感じ取れるほどのものです。

本書にある2005年2月12日と13日の臨床的「会話」では、何よりもまず諸症例の質と的確さ、そして正確で厳密なコメントとが際立っています。しかしまたほかの理由が、この検討会に個別的な特徴を与えてもいます。それは精神分析が今日置かれている情勢のことです。じつを言うと精神分析はいま、その実践とディスクール、治療効果と分析経験の結果すべてを標的とみなす、プシ界の評価鑑定人たちと、[2]対決に陥っています。この情勢はことのほかフランスで顕著に見られ、評価鑑定人たちは数字と統計を粗暴な形で用いることが科学的なことなのだと、ひとびとに信じ込ませようとしています。それは主体が人生で覚える居心地の悪さについても主体の知についても権威主義的にコントロールしたいという、純粋にイデオロギー的な目的のためなのです。このような状況がヨーロッパ全土に広がっています。アングロ・サクソンとケベックの人たちによって広められた、エビデンスに基づく医学（Evidence based Medecine）、そしてそのもっとも残酷な側面と言える功利主義とプラグマティズムが、ひとびとの健康に関する政策に大きな影響を与えています。

もっともらしく「セラピー」を自称する行動療法的実践に対して闘うため、ジャック＝アラン・ミレールによりパリで2回のプシ・フォーラムが開催されました。このバルセロナの「会話」が催されたのは、1回目と2回目のフォーラムのちょうどあいだのことだったのです。「会話」の1週間前、2月5日のフォーラムでは、フィリップ・ドスト＝ブラジ厚生大臣が「心的苦痛は評価も測定もできない」と主張し、行動療法とはべつの方策に言及しました。しばらくして、3月19日のフォーラムでは「政治的行為」について討論がなされ、政治的行動において主体――匿名で存在することなど決してない――を取り戻すこと、欲望とことば（パロール）の主体を取り戻すことの必要性が示されました。その間の2月27日にはラカン財団のための協会の設立がジャック＝アラン・ミレールによって告げられ、このようにして臨床と方策の決定的な連携が、協会設立によって示されたのでした。

バルセロナの「会話」はそういった文脈のなかで、精神分析的方法に従いつつ、また症例ごとの個別性に基づきながら、ラカン的オリエンテーションから導き出された臨床と症状の方策的次元の連携を、臨床のなかで再び提示してくれました。

どのようにして症例のもっとも個別的な特徴から症状にたいする方策が導き出されるのかを、読者は確認

---

1 （訳注） politique が原文。政治的な意味合いが含まれる。

2 （訳注） monde psy が原文。精神分析や心理学、精神医学などの業界を指す。

することになるでしょう。まさにその点から、精神分析の治療的価値が主張されています。ここには匿名の質問調査法によって作成された偽りのプロトコールは存在しませんし、主体を健康市場の数値的変数に還元し、主体の生きづらさを管理するなどということもありません。ましてや人間の苦しみを不適応者の振る舞い、もしくは回答であるなどと、見做すこともありません。本書はそういった考えに対して徹底的に反論しています。主体は臨床的な細部を知ってはじめて分析可能であり、決して数値で表現されることはできません。本書はその主体の症状のもっとも個別的なものに価値を置いています。それはこのもっとも個別的なものこそが、苦しみに関する治療を一つの倫理に基づきながら効果的に方向付ける際に、唯一の羅針盤となるからなのです。

最後に、この検討会はラカン的オリエンテーションに基づいて設立された諸施設に関してはじめて振り返りを行うという、特権を与えられました。バルセロナの相談と治療のための精神分析センター（以下ＣＰＣＴ）、パリのＣＰＣＴ、またラカンの教えを反映しその経験と知をもたらしているその他の諸施設（コルーニャのシャン・フロイディアンのクリニック、あるいはブエノスアイレスのものと同名の、新たに創設されたマドリードのヘルスケア・ネットワーク）のことです。応用精神分析国際ネットワーク（ＲＩＰＡ）の創設は、[3]ラカン的オリエンテーションによるこの種の経験を全世界的に発展させ、活力を与えることでしょう。ＲＩ３に見られるような豊かな経験の広がりは、おそらくベルギーのクルティのような場所をあちこちに生み出し、様々な国の実践家たちが養成されることになるでしょう。

精神分析の新たな応用のためには、その一つ一つの経験のなかで症例の個別性に特権が与えられること、それが何よりも重要なことなのです。

ミケル・バッソル 4

3 （訳注） 1992年にジャック＝アラン・ミレールによって創設された子どもを対象とした施設に関する国際的ネットワーク。ブリュッセルのアンテナ110などが加盟している。

4 （訳注） Miquel Bassols（1958－　）：世界精神分析連盟（AMP）会員、同団体会長（2014－2018）、ECF（エコール・ドゥ・ラ・コーズ・フロイディエンヌ、フランス）、EOL（ラカン的オリエンテーション・エコール、アルゼンチン）会員。

謝辞

まずジャック゠アラン・ミレールと精神分析ヨーロッパ・エコール会長のピエール゠ジル・ゲゲンに捧げる。彼らはその存在と言葉、欲望によって、この「会話」に完全なダイナミズムを与えてくれた。ジュディット・ミレールに。彼女はまたしても、熱狂的でその類いまれな粘り強さによって私たちを支え、テキストの出版と翻訳の調整に尽力してくれた。へべ・チジオに。私は彼と一緒にスペインのシャン・フロイディアン学院に携わっているが、彼は「会話」の開催をその頑固な仕事ぶりで確実なものにしてくれた。討論を組織し調整してくれたオラシオ・カステとエルヴィラ・ギラーニャへ。症例を討論のために提供してくれた、同僚たち各位、ルシア・ダンヘロ、アラセリ・フエンテス、カルメン・ガリード、アマンダ・ゴヤ、フェリックス・ルエダ、アントニ・ヴィセンスへ。迅速にかつ念入りに「会話」を書き起こしてくれた人たち、ホセ・マニュエル・アルヴァレス、グローリア・ブラデ、マルチェロ・クロス、ミリアム・チャン、エミリオ・ファイレ、ジョゼップ・パルセリーザ、グラディーヴァ・ライター、ロザルバ・ザイデルへ。録音されていなかったが重要な文章を復元するのを助けてくれたファン・カルロス・ライオスへ。事務局での熱心な仕事によりスムーズな作業を可能にしてくれたベレン・メネンデスへ。この本をフランス語に翻訳してくれた、アンヌ・ゴアラブレ、クロード・ケナルデル、ダリア・シュタイマンへ。そして最後に、この「会話」から分析運動の新たな時代を生み出した、スペインのＩＣＦのすべての同僚教師たちと参加者たちへ、感謝を捧げる。

第一章　症例ミンナ——テロに遭遇してトラウマを負った30代女性

開会　オラシオ・カステ[1]、エルヴィラ・ギラーニャ[2]

オラシオ・カステ　私たちはいまから三つの症例にコメントを致しますが、どれも制度のなかで（en institution）[3]――つまりさまざまな町での、スペインのエコール、もしくはシャン・フロイディアン協会と連携した施設のなかで――実践された、個別性を示すものです。この3症例は制度のなかで応用されたラカン派のオリエンテーションを持つ精神分析が、いかに迅速な治療効果を持ち得るかを示しております。

エルヴィラ・ギラーニャ　アラセリ・フエンテスの症例は、3月11日のテロ襲撃後に設立された、マドリードのヘルスケア・ネットワーク（Red asistencial）の枠内で行われました。[4]そこでは最長6ヶ月まで無料で治療を受けられます。アントニ・ヴィセンスによる症例はＥＬＰ（精神分析ラカン学派）のバルセロナにあるＣＰＣＴ（「相談と治療のための精神分析センター」）で扱われたものです。このＣＰＣＴは２００４年10月に開設されました。２００３年４月開設のパリにあるＣＰＣＴに相応するものです。ここでは無料の治療を通常４ヶ月間受けることができ、最大で８ヶ月まで更新可能になっています。カルメン・ガリードによる症例は１９９７年開設のコルーニャ[5]のシャン・フロイディアンのクリニックで行われたものですが、ここではパラメーターが少し異なっています。料金が手ごろなのは共通していますが、それは一律ではなく個々のケースによって異なります。また利用期間に制限もありません。

この「会話」[6]のために選ばれた症例の一つ一つを通して、私たちが社会的大他者に訴えかけるこの新たなときに、自分たちの仕事のある一つの側面を、とりわけ分析の共同体に属していないひとびとに向けて伝達することが重要です。１９９８年に出版されたジャック＝アラン・ミレールのテキスト「精神分析的治療の指示と禁忌」[7]がそれを明らかにしているでしょう。これは新たな作業場を開き、ある「出会いの臨床」（une clinique des rencontres）を定義するものです。分析家との出会いは諸効果を生みます。これらの効果は伝達されうるものです。これから語られる諸症例のなかでは、受け入れ態勢がこのような出会いを容易にするよう構想されていますが、それがなければ出会いは困難か、もしくは生じないでしょう。これから私たちが討論する六つの症例のそれぞれのなかで、一つの個別性を把握することができますが、それこそまさに分析家が理解し際立たせなければならないものです。今から私たちはある出会いの臨床を検討することになります。それは迅速な治療効果を生んでいます。面接回数をはっきりさせる必要があるのはそのためです。最初の症例では20回、次の症例では3回、三つ目の症例は10月から春まで続くものでした。明日の部ではこの問いに

1　（訳注）Horacio Casté　バルセロナ在住精神分析家。ＡＭＰ、ＥＬＰ（スペイン）会員。
2　（訳注）Elvira Guilaña　バルセロナ在住最新分析家。ＡＭＰ、ＥＬＰ会員。
3　（訳注）本書のなかで用いられる「制度」という語は、病院や相談センターなどの施設や機関を指す。分析家個人の相談室（キャビネ）で行われた症例は、今回の検討会では扱われていない。
4　（訳注）Red asistencialは２００４年に起きたスペインにおけるテロの後に、心的外傷を被った人びとのために緊急にマドリードで設立された相談機関。スペインのエコールが全面的に協力した。
5　（訳注）スペイン北西部に位置するガリシア州の県の一つ。
6　（訳注）本書「献辞」における注、および訳者あとがきを参照のこと。
7　（訳注）J.-A.Miller, «Les contre-indications au traitement psychanalytique», *Mental*, n°5（1998）.

関するラカン的アプローチを明確にするために「ブリーフ・セラピー」「焦点づけセラピー」なども考慮に入れながら、私たちが「迅速な治療効果」という言葉で理解しているものをより正確に見定めることになるでしょう。これから討論するアラセリ・フエンテスの症例は、トラウマの事後性において打ちひしがれ、罪責感を持ってやって来た女性の症例です。アラセリは討論に適した仮説を提供しています。意味の網目の復元と、主体の無意識の個別性のなかにトラウマを書き込む（inscription）[8]ことが、重要であるというものです。そこにこそ治療的なものがあるのでしょう。

人生の糸[9]　アラセリ・フエンテス[10]

ミンナは38歳のルーマニアからの移民で、マドリードに来て1年半になります。私たちの相談機関に紹介されてきた、3月11日のテロの最初の被害者[11]です。

3月11日、彼女は仕事に行く前に友人たちとお茶をしながら長居していて、アトーチャ駅にいました。爆弾が炸裂した電車に彼女が乗車していなかったのはそういう理由でした。爆発に驚いたとき彼女は女性の友人たちとカフェテリアにいましたが、続いて二度目の爆発音が聞こえました。彼女はすぐに爆弾だと考え、恐怖に駆られて友人らを置いて走って出て、おびえながら負傷者と死者たちのあいだをぬって逃げました。逃げているあいだ、彼女はひとりの男性の視線に合いますが、彼は地面に横になり、その顔は血まみれで、「横たわるキリストのよう」でした。「横たわるキリスト」像[12]は毎晩彼女を見つめ続け、それ以降この悪夢は繰り返されていました。

不安

初回、彼女は不安に捉われていました。数日前から動揺していて、まったく休めていませんでした。彼女は救急外来に駆けこんだものの精神安定剤はことごとく拒否し、区役所に行って心理士と二度面談をしていました。またルーマニア外務省に保護してもらおうと他のルーマニア人たちに合流しようと試みますが、それらすべてをもってしても彼女は落ち着く場所を見つけることはできませんでした。

ミンナはスペイン語がうまく話せません。涙ながらに自分を理解してもらおうと努力していました。駅から走って脱出したこと、負傷者を救助するために留まろうとしなかったこと、父親から受け継いだ理想の高みにいられなかったことについて、自分は咎められるべきだと感じていました。彼女の父親は愛そのものの父（un père tout amour）で、信心深く、セブンスデー・アドベンチスト教団に属しています。この父親はパ

---

8 （訳注）記載、登録といった意味もある。

9 （訳注）Le fil de la vie：人生の糸と訳したが、命脈、命運といった意味も持つ。

10 （訳注）Araceli Fuentes：マドリード在住女性精神分析家。AMP、ELP会員。スペイン語の著書『語る身体の神秘』がある。

11 （訳注）2004年3月11日スペイン首都マドリードで起こったイスラム過激派による列車同時爆破テロのこと。191人が犠牲となり、負傷者は2000人に上った。

12 （訳注）キリスト横臥像は、十字架から降ろされ横たえられた、傷跡や懊悩の表情などとともに描かれる痛ましいキリストの像で、宗教的絵画のモチーフの一つである。

ンのかけらを贈り物として与えるほどに貧しかったのですが、他人の攻撃にあったらもう片方の頬を差し出せ[13]と娘に教えていました。彼女は負傷者を助ける義務を果たさず、毎晩悪夢のなかで「横たわるキリスト」を見ては、そのことを思い出すのでした。

トラウマという現実界に直面して、愛そのものであるような父に助けを求めても返答は得られませんでした。彼女は不安に捉われたまま、宗教的な意味の道を通した補綴《ほてい》（suppléance）の試みにも失敗するのでした。

私は彼女を受け入れましたが罪責感から彼女を解くことはせずに、沈黙を守りました。過ちのありかはやがて他者に移動し、咎められるべき者は他者となり、「モロッコ人たち、テロリストたち」になりました。ここで罪責感は憎しみに場を譲るのですが、憎しみとはこの日まで彼女にとり経験したことのないものでした。

トラウマ的な出来事が突如彼女を憎しみと対峙するよう導きました。そこから私自身の立場に関するロジックを導きますと、理想を唱えるのとは正反対の立場と言えます。それは憎しみが口にされるのを聞きとり、その道を開いたまま維持することにあり、これはいつか彼女が自らの存在のなにものかを、主体化することができるようにするためなのです。それが、この治療が要した20回の面接で、私が採用した指針でした。

ミンナは自分の話＝歴史（histoire）を語りはじめ、徐々に落ち着いてきました。彼女は信心深いのと同じくらいに貧しい家庭の娘で、早い時期に学業を放棄して結婚します。「私は学業よりも愛を好みました」と言います。彼女には19歳になるひとり息子がいて、大学に通うためルーマニアに留まっていましたが、これは息子の欲望というより彼女の欲望により対応しているようでした。彼女はつねに息子を甘やかし、彼には冷蔵庫のなかに特別な場所を用意していました[14]。彼女の夫もまた彼女の後で数ヶ月してスペインに移住しました。夫は彼女とはべつの町で働いているため、ふたりは別々に暮らしているのですが、週末は夫の方が彼女に会いに来ていました。

ある日、テロリストたちがスペイン高速鉄道をハイジャックしようと試みたと知って、彼女は新たに極度の不安に捉われてやって来ました。日常の世界が俄かに見知らぬものになってしまったのです。「私はここで何をしているんだろう？」と彼女は自問します。女性の友人の何人かはルーマニアに帰国することに決め、彼女もまた帰りたくなりました。彼女は息子を懐かしがります。働いてより良い生活を得るためにやってきたこの国で、彼女はとても温かく迎えられたと感じ本当にこの国を愛してもいたのに、それが今や気味の悪いものになってしまったのです。

無意識の開きが速やかに生じました。というのも彼女は次の面接で私が頼んでおいた辞書を持ってくると同時に、転移の夢も持ってきたからです。「生命も、光もない、不気味な死の道を私は進んでいきます。ふたりの友達といっしょに、とても古くて廃れた駅舎に入ります。突然、友人たちと私のあいだに、三つの爪のような先端がついた、巨大クレーンのアームが落ちてきます。そのとき私は友人と離れているのが分かり、合流するためには大きく迂回しなければならないようでした。私の周りにはたくさんの人がいて静かに私を見つめています。ひとりの女性が私に話しかけてきて、彼らは大勢いるのだから彼らといっしょに留まるようにと私に言いました」。

転移が成立したことで彼女は落ち着けるようになりました。このときから無意識の道が開かれ、これに続

13（訳注）「もし、だれかがあなたの右の頬を打つなら、ほかの頬をも向けてやりなさい」マタイによる福音書、第5章39節。

14（訳注）のちに討論でこの言葉の意味が議論される。

く出会いのなかで一連の夢が生じることになりました。これらの夢は解決をもたらすもの（résolutif）という個別性を持っています。つまり意味の網目の回帰と、主体の個別性のなかにトラウマを書き込むことが治療的なのだということです。それらを時系列に沿って紹介します。

夢

最初の夢、トラウマ後の悪夢。彼女を見つめ、負傷者を救助する義務を怠ったことを毎晩思い起こさせる「横たわるキリスト」の男性が繰り返し悪夢に出てきました。この悪夢は速やかに消え去りました。

第二の夢。これは転移の夢ですが、視線はまだ存在していて（「たくさんの人がいて静かに私を見つめています」）、それからひとりの女性が彼女に話しかけて留まるように誘います。ミンナは自分を迎え入れてもらう術を知っている女性です。彼女が働いていた家ではかなり良い扱いを受けていて、彼女は雇い主たちをマドリードにいる自分の家族とみなしているほどでした。夫が働く町に行きたくはないのかと私が訊くと、彼女はいいえと言い、「それだと一から始めるようなものでしょうから」と答えました。しかしながら週末に夫が来ると、彼女は自分がいつもより穏やかだと感じるのでした。

第三の夢。彼女はある出口を見つけ、それを取り上げます。「私はブカレストの下水道にいます。そこではドラッグをやる非常に貧しい人たちや子供たちがくっついて住んでいます。私はそこから出なくてはならないのですが、私の後ろにはジプシーの女性がいます。トンネルの先には光があり、私にとってこの光はとても重要なのです。脱出しますが、私にはジプシーの女性が見えません」。ブカレストの下水道トンネルからの脱出に成功する夢で、そこにはドラッグをやっている貧民と子供たちがいっしょにいて、つぎにジプシーの女性がいますが、これは周辺（マージナル）に追いやられたひとびと、社会のくずたちの隠喩です。

光に従って進み、彼女は出口を見出します。この夢は母親が彼女に言っていた「ジプシーは不幸をまとっている」ということば（パロール）を、打ち消しにきています。母が言っていたべつのフレーズは「もしお前が夢を見て、目が覚めたときに光を見るなら、夢は忘れ去られてしまうよ」でした。ミンナは付け加えます。「夢のなかで私はひとりで脱出し、ジプシーの女性は私の後ろを歩いています。私は強いんです。目が覚めて私は窓からさす光を見たのですが、夢を忘れることはありませんでした」。

それと同時に彼女は息子を懐かしがります。息子と電話で話します。彼は車が故障したのに、祖父母は助けようとしてくれなかった、というのはその日は土曜日で、宗教で安息日と決まっているからだと語りました。この曜日は日中何もしてはならないのです。彼女は息子の手助けよりも宗教的な掟を優先する両親に激怒します。「私はそれを選びませんでした」と怒っていました。

ミンナは職場に行くのにアトーチャ駅を毎日通るのですが、ときどき立ち止まって死者たちの名前を読みます。私に、「死者たちの名前を読むのですが、誰のことも知りません」と言います。

4ヶ月が経ち、ミンナは比較的良くなりました。次の週末「カイードスの十字架」（スペイン内戦戦没者に捧げられた慰霊碑の十字架）を訪れるつもりだと言います。悪夢のなかで彼女を見つめていた「横たわるキリスト」の男性に立ち返らせる「十字架」というシニフィアンを再び取り上げているだけであるにせよ、この選択は私の注意を引くのに充分なことでした。

第四の夢。「人生の糸」。ある面接の最後に、彼女自身が最初馬鹿げたことと形容していた夢を語ります。「ねじの夢を見ました。私はねじの周りに糸を巻きつけていて、それを解いたり巻いたりしています。解いているよりも多く巻いていました」。「ねじ（vis）はルーマニア語でなんと言うのですか?」と私は訊きました。彼女は答え、付け加えます「その発音はエヴァを誘惑した蛇（セルパン、serpent）とほぼ同じです……。

幸せが完璧なかたちで存在していた楽園からの追放です」。そして連想をつづけます。「ルーマニア語で人生の糸という表現があるのですが……。この表現はスペイン語にもありますか」。

第五の夢。彼女は夢を語りますが、この夢は彼女を笑わせます。「一匹のワニがいて私以外のみんなを噛んでいます。私はその尻尾をつかまえて宙に逆さ吊りにします、頭部が下になっています」。この夢のなかで彼女はファロスを持っていて、それをどうすべきかを知っています。

第六の夢は後ほどコメント致します。

第七の最後の夢。「私は目を覚ましました。するとベッドの足元に顔のない（sans visage）[15]ひとりの男性がいました。私が感じたのは安らぎの感情でした」。

最初の悪夢――「横たわるキリスト」の超自我的な視線が、彼女を目覚めさせるほどに悩ませていました――から、最後の夢――「顔のない男性」が安らぎを与えています――に至るまでに、何ヶ月も過ぎました。そのあいだに不安は消え去り、彼女は笑うことができるようになり、「人生の糸」を取り戻すこともできたのです。

この夢のなかでひとりの「顔のない男性」によって目覚めるということがもたらした沈静化の効果は、視線と口が存在しないことによるもので、つまり死の視線の不在と非難の口の不在がもたらしたものなのです。

嚢胞《のうほう》

面接の最後のほうでは、ミンナは満足していました。結局息子はルーマニアでの学業をあきらめ、スペインに生活しに来て働くことに決めたのです。彼は父親といっしょに働くつもりでいます。親がスペインで働いているのに、自分はルーマニアに勉強のため留まるというのは恥ずかしいと打ち明けたのです。そのとき彼女は滞在許可の準備に専念しており、元気にやっていて、相談機関があらかじめ告げている治療期間のリミット――6ヶ月――が近づいているところでもありました。

しかしながら私は大変驚いたのですが、彼女が来るのもあと何回かという頃になって、「何ヶ月も前からそうじゃないかと思ってはいたのですが、じつは子宮に嚢胞があります。ほんの数日前に医者に行ったところです」と言いました。明らかに、この期間ずっと彼女はそのことを知りたくなかったのでした。つまり体のなかにこの脅威が現にあるにもかかわらずそのことを話すのが遅れ、それは3月11日より前からあったものなのに、やっと今になってこの問いに取り組んでいるというわけです。彼女はその除去と検査のために外科的な処置を受けなければなりませんでした。彼女はテロよりも不安は少ないと言っていましたが、カルミナ・オルドニェスの夢[16]（第六の夢）を見たと私に語りました。カルミナは若い女性で、おそらくは自殺を図って当時まさに死にかかっていた女性です。カルミナはミンナ自身で、この夢が上演しているのはミンナ自身の死の出現なのです。

幸運なことに、手術はすぐに行われて嚢胞は害のないものと判明しました。私たちはこれが最後の面接であることに意見が一致しました。相談機関が定めたリミットにはまだ少し時間がありましたが、彼女は自分

15（訳注）この語は曖昧さを含むが、「頭部のない」という意味ではない。「のっぺらぼう」だとか、「表情のない顔」の意味に解される。

16（訳注）Carmina Ordóñez（1955－2004）。スペインの有名な闘牛士一族に生まれふたりの息子をもうけたが離婚し、最期は自宅の浴室で変死を遂げた。彼女の話題はワイドショーでよく取り上げられたという。彼女の祖父と父は、ヘミングウェイの小説のモデルになっている。

が元気であると感じ、顔のない男性の夢を語って、それが最後の出会いとなりました。私たちは心のこもった別れの挨拶を交わしました。

二つの現実界

この20回の面接のなかで得られた治療効果に疑いの余地はありません。トラウマ後の諸症状は消え、主体は「人生の糸」を取り戻しました。

しかしもっとも大切な治療効果は、彼女があのもう一つの現実界、あの嚢胞に取り組んでいるということです。彼女は知らないふりをしたかったのですが、それは身体と生命をおびやかしていて、悪夢に現れた横たわるキリストのような結末に彼女を導いたかも知れないものでした。

この症例の治療効果は迅速に生じた脱理想化のおかげであり、無意識――リビドー的な意味を生産する装置としてのそれ――が機能したおかげです。夢はここで中心的な位置を占めています。第一の「横たわるキリスト」の男性の悪夢と、最後から二番目のカルミナ・オルドニェスの死の夢は、例外的なステイタスを持っています。つまりこの二つの夢のなかでは、死の現実界が脅威としてすぐそこに存在しています。この脅威は置き換えられました。つまりそれは、はじめ外部から主体に押し付けられたトラウマという現実界の出来事の偶然性のなかにありました。つぎに身体に嚢胞が現れるということのなかに――彼女は数ヶ月間放っておいたためそれを増大させてしまいましたが――移行したのです。一つ目の現実界の出現が二つ目の現実界を扱う機会となったのです。もう一つの系列の夢は、無意識によって提案された解決を生み出しています。その解決とは「出口を見つける」「人生の糸を取り戻す」「ワニの尻尾を捕まえる」ことです。この系列においては、最後の夢が最終地点を示しています。つまり彼女のベッドの足元にいる「顔のない男性」が安らぎを回復させるということです。まさに無意識それ自体がこの治療に対して刺し縫いの点（point de capiton）を打っており、この点にこそこの治療の個別性があるのです。

【討論】現実界に法はない[17]

ピエール＝ジル・ゲゲン　私が強い印象を受けたのは横たわるキリストの人物像が面接のなかに速やかに現れることで、この像はトラウマ的な悪夢のなかで患者を見つめるものです。私たちはここでただちに幻想の次元にいるように思われます。続いて、出発地点であらわになったこの視線について、夢は隠したり含みを持たせたり、さらにはべつの展望を与えにやって来ます。恐ろしい視線を持つキリスト像から、視線も顔もない、つまり表情のない、平和をもたらすような男性像へと移るのです。あなたが「意味の復元」という言葉で理解していることと、「トラウマが主体の個別性のなかに書き込まれる」方法について、もう少し詳しく説明していただいてもよろしいでしょうか。ひとりの女性が問題になっているということは、地面に横たわる男性という幻想が出現するのに、重要性を持つでしょうか。それは幕の背後に死んだ男性がいるという幻想の一つの変奏でしょう。ラカンはそれについて「女性のセクシャリティーに関するある会議のための指導的提言」のなかで語っています[18]。

17（訳注） J. Lacan. *Le Séminaire Livre XXIII le sinthome*, Paris, Seuil, 2005, p.137.

アラセリ・フエンテス　発展させることはできなかったのですが、私が意味の網目について語るときその側面も参照しています。女性のインクブス[19]との関係が問題となっていて、ラカンはそのテキストのなかで語っていますが、それは女性の享楽（jouissance）にかんするものです。治療的に作用したものについて語るとき、私は無意識のメカニズムが動き出したことと関連づけています。意味について語るときは無意識的な意味ということで言っておりますが、リビドー的な再活性化もまた生じています。この再活性化は夢のなかで言われていることです。無意識が開くときに、この開きが長く続くことが可能であることにも私は気づきました。具体的に分析ではこんな風にことが起こるものです。違いますか。無意識が開くということが起こり得て、無意識は生産することをやめません。この症例でたぶんもっとも顕著なのは、夢自体が多くの事柄を解決することを可能にしているように見えることです。解決的な夢が問題となっており、これは数年を要するような無限化の道に拓かれた夢ではありません。主体の現在の諸問題を解決する一つの方法を、無意識が見つけているのです。

ピエール＝ジル・ゲゲン　私たちは断固とした主体に関わっていると思います。精神科医たちが薬を提案しても、彼女はことばによる治療を選んでいるのですから。おそらく精神分析についての知識は持っていないようなのに。

アラセリ・フエンテス　彼女が夢を語り始めたとき、フロイトを知っているか、その名を聞いたことがあるか私は訊きました。彼女は何回か、はい、と言いました。ところでとりわけ現れているのは、母親がどれほど間違っているかを、これらの夢が偶然にも明らかにしているということです。母親は人が夢から覚めて光を見たら夢は忘れ去られる、さらにはジプシーの女性を夢に見るのは縁起が悪いなどと言っていました。しかしながらルーマニア出身の大変貧しくヒステリー構造の移民女性が問題になっているのです。彼女は3月

11日の後にやって来た最初の女性患者でしたが、国に来てまだ間もない人にとってテロは予想だにしないことでした。私たちのもとに彼女を送ってきたのは、シャン・フロイディアン協会に学ぶ、あるテレビカメラマンでした。

アントニ・ヴィセンス――ある側面が私には印象的です。それは愛が憎しみに変わり、また愛へ回帰することです。この症例には弁証法の三つの段階のようなものがあります。まずはじめに、愛そのもののような父が存在し、これは神の定義ですけれども、しかも返答しない父であります。返答がないことによって、過ちが憎しみへと変貌をとげるのです。モロッコ人、テロリスト、ジプシーたちへの憎しみです。続いて勉学への愛情が現れます。症例の初めには大変興味深いフレーズが存在しますが、それは彼女が「信心深いのと同じくらい貧しい家庭の娘で、私は学業よりも愛を好みました」と言うところで、しかも彼女は大変若いうちに結婚しました。しかしながら、知への愛はすでにそこで書き込まれていて、学業をあきらめてもそれ以降待機状態にあるのです。夢という夢がここまで見事に転移の夢であるのは、おそらくそういう理由によるのでしょう。彼女に語りかけるひとりの女性が、留まるよう、いわば知を得るよう誘っています。その女性は知の態勢のなかに自分の身を置きなさいと誘っているのです。ですから私は三つの段階を見ます。答えることのない、愛そのものであるようなひとりの父への愛、憎しみの出現、そして最後に新しい愛の出現で、これは知への愛であります。

---

18 ↗13頁。（訳注） J. Lacan, «Pour un congrès sur la sexualité féminine», in Écrits, Paris, Seuil, 1966, p.733.「女性の性欲についての会議にむける教示的意見」佐々木孝次訳、『エクリⅢ』弘文堂、１９８１年、２１６頁。

19 （訳注） 中世キリスト教で睡眠中の女性との交接にふけるとされる悪魔のこと。

ミケル・バッソル　私が考えるのは愛と学業のあいだのこの区別につづいて登場する、息子のことです。彼は19歳で母の願いによりルーマニアに残っていましたが、それはまさに学業のためでした。私にとって謎のフレーズはこれです。「彼女はつねに息子を甘やかし、彼には冷蔵庫のなかに特別な場所を用意していました」……（笑）。

ジュリオ・ゴンザレス　私の質問は憎しみの行く末についてです。この感情は彼女にとっては新しいものでした。

ロザ・カルヴェ　母親のセラピーが息子にとり治療的な効果をもったことは明らかです。彼はある種人質のように故郷にいましたが、そこを離れてこちらに住むためにやって来るのですから。「冷蔵庫の息子」と悪夢のあいだには、どんな関係がありうるでしょうか。

アラセリ・フエンテス　「冷蔵庫の息子」には私も驚きました。この女性はじつのところ息子のための食べ物を冷蔵庫のある特別な場所に保存していました。彼女は息子を人生とその困難から守ることにこだわっていて、彼女が望んでいるのは……。

オラシオ・カステ　……息子を冷蔵庫に置くことです。

アラセリ・フエンテス　そのとおりです。それこそ私の書き間違い（lapsus calami）から引き出せることです。[20]というのも、ロザ・カルヴェが注意を促したように、息子がルーマニアに留まることに彼女は執着していたからです。彼女と夫は息子のためにスペインで働いていましたし、テロの後も、息子が何事もなかったかのようにやり続けることを彼女は望んだようです。息子は幸いにも反抗的であり、父親を支えとして自分も働きに来ることにしました。これらすべてのことは私が症例を書いているときには気が付かなかったことです。

アントニの質問についてお答えします。確かに愛、憎しみ、そして愛そのものである父親に関連づけられる罪責感を、一連のものとしてみなければなりません。父親はあまりに愛に満ちていて、家に帰って土産を渡すことができない場合は、パンを持ち帰っていました。これは存在していないひとりの父親で、欲求（le besoin）を贈り物に変えることができるような父親です。このようにして彼は持っていないものを与えていました[21]。しかしこの父のべつの顔は、例えばべつの頬を差し向けろというような、宗教的なあらゆる掟であって、それを彼は娘に伝達していました。

彼女は宗教的な道によってトラウマに意味を与えようと試みますが無駄に終わります。それは罪責感に結び付いていて、当初の反復的な悪夢のなかにあらわれていたものでもあります。横たわるキリストの悪夢で、その視線のせいで彼女は眠ることができなかったのです。

その後、この罪責感は憎しみに方向を変えます。女性患者は最初負傷者たちを救わなかったという罪責感におびえていますが、つづいてその過ちを殺人者であるテロリストたちの責任と考えます。彼女は憎しみを感じていることに驚いていますが、それはあたかも憎しみをかつて体験したことがないかのようでした。私は彼女がそれを言うがままにしましたが、彼女の憎しみが人種差別主義として強化されることはないように

20（訳注）アラセリ・フエンテスは「彼女は冷蔵庫のなかに息子の食料を置くための特別な場所を用意していた」と原稿に書くかわりに「彼には冷蔵庫のなかに特別な場所を用意していた」と書き間違えた。これはミンナが息子を冷蔵庫のなかにでも閉じ込めて保護下におきたかったのだというフエンテスの考えが現れたものだと、彼女は言っている。

21（訳注）「愛とは、持っていないものを与えること」J. Lacan, «La direction de la cure et les principes de son pouvior», in *Écrits*, op.cit., p.618.「治療の指導とその能力の諸原則」海老原英彦訳、前掲『エクリⅢ』48頁。

しました。

この憎しみへの急き立て（poussée）は、彼女にある種の脱理想化が起こることを可能にし、それがのちに彼女が両親にたいして怒るエピソードに現れることになります。セブンスデー・アドベンチスト教会に属している両親には、それがどんなことであれ土曜日に働くことは禁じられています。車が故障した息子を助けに行くのを彼らが拒んだとき、彼女は怒りはじめました。憎しみのおかげで両親の宗教的理想から彼女自身離れることができて、彼女は「それは私が選んだものではありません」と言うことができました。これが私の仮説です。

リカルド・アランツ　二つあります。憎しみにかんしては、私は鼠男の症例を思い出しまして、フロイトはそこで鼠男の拷問について「彼自身は知らない享楽[22]」のことを語っています。この女性の、憎しみとの出会いというものは彼女が知らなかった享楽との一つの出会いであるとも読むことが可能です。二つ目の質問は辞書を持ってくるようにいう要求についてのことです。何が問題になっているのでしょうか。おそらく患者が分析家の話す言語を話さない場合には、分析家は辞書を要求するのが適切である、というような事柄ではないでしょう。むしろ転移的な操作が問題になっているのでしょう。

マニュエル・フェルナンデス・ブランコ　反復される悪夢は、「トラウマの臨床とは何か」を、よく示しています。この女性は爆発物の夢は見ていません。反復するもの、それは夜毎に彼女を見つめることをやめない、横たわるキリスト像なのです。この像はシニフィアンの網目を、夢の作業を逃れています。ここにあらわれているのは主体によって同化されえない、外密な（extime）[23]享楽の一点です。その鍵となるのはたぶん、愛である理想的な父親の下に、我が子を犠牲にするひとりの父親の享楽があらわれているということでしょう。患者の父親はべつの頬を差し向けること、犠牲に身をささげることを理想としています。大文字の父の息子

（fils du Père）、血まみれになったキリストといった、息子の犠牲という主題が症例全体を駆け巡っています。

エンリック・ベレンガー　アラセリの分離（séparation）についての発言との関連で言いますと、これは移住が分離の試みとして未完了であるような症例です。私たちが理解している意味で言えば、分離というものが始まるのはトラウマ以降のことでしかありません。横たわるキリストは、対象――これは彼女にとっては負傷者たちのことです――から自らを引き離した（分離した）ことで彼女を非難しています。横たわるキリストが彼らとともにその場に留まるよう彼女に呼びかけます。次に、ひとりの女性が彼女に留まるように提案します。彼女に留まるようにと誘う夢が、二つあるのです。真に彼女が自分の身を引き離すのは、第三の夢になってからです。分離の主題系は第四の夢にもあらわれていて、そこで彼女は自分が天国から追放されているのを見ます。彼女は移住することによって為したことについて自問しているかのようです。というのも謎めいた、死に至らしめるような父の欲望によって呼ばれた場所から彼女自身を引き離すのに、移住は不充分だったからです。したがって二つの操作が存在しているのです。理想的だが超自我的なシニフィアンから身を引き離すことと、失墜した対象、駅の負傷者たちから身を引き離すことです。

22　（訳注）「……彼がとても奇妙に複合された表情をしているのが見て取れる。その表情は、私には、彼自身知らない快に対する恐怖としか解明できない」「強迫神経症の一例についての見解『鼠男』」福田覚訳、『フロイト全集10』岩波書店、１９０８年、１９１頁。

23　（訳注）intime（内密な）とextériorité（外在性）とをかけあわせてラカンが作った言葉であるextimité（外密）（セミネール７巻『精神分析の倫理（上）』岩波書店、２００２年、２１１頁）の形容詞形。主体にとり異物のようでありながら、じつは内奥に核のように存在している、という意味。

アラセリ・フエンテス　これらのコメントは私にとりとても重要なものだと思います。辞書にかんしては、この道具を主体に持ってくるように頼むことが規則であるとは思いません。私は彼女が感じているのが恥なのか罪責感なのか知りたかったのですが、彼女は言語を充分に使いこなしていませんでした。じつは私たちが辞書に助けを求めたのは一回だけで、最後に彼女は家に持って帰りました。

マニュエル・フェルナンデス・ブランコのコメントとその「犠牲になった子供」の仮説については、父親が宗教的な理想にとりわけ厳格であること、それから実際に彼女は息子をルーマニアに残していったことを言わなければなりません。最後のほうの面接で、彼女が膣の腫瘍に苦しんでいて、でもそれを数ヶ月間無視していたこと、それもテロ以前に発見されていたものだったことが明らかになり、私は驚きました。ですからこの腫瘍は少し前からすでに増大していたのです。医者に行ったと私に告げる前であったにもかかわらず「カイードスの十字架」へ遠出をしたことが私の注意を引いたのは、そういうわけだったのです[24]。確かに横たわるキリストというシニフィアンが再び現れているのが分かります。

移民の女性が問題となっているわけですが、トラウマ的な出来事によって生じた穴が存在しなかったならば、たぶん彼女がそれらすべてを問いに付すようなことは決してなかったでしょう。そしてやり遂げることができなかった分離というものが彼女にとって可能になったのは、たぶん現実界のおかげでしょう。

X　それから腫瘍との分離も存在していますよね……。

アラセリ・フエンテス　そのとおりです。腫瘍も存在していますし、それは根本的な事柄です。心理状態の治療的改善が続いていたときにも腫瘍は大きくなり続けていて、命を奪ったかも知れないものを彼女は放っておいたのです。

ルシア・ダンヘロ　症例をべつの側面から扱ってみたいと思います。治療の指針における分析家の立場

（position, 位置）のことです。私が本当にすばらしいと思うのは、夢という無意識の形成物の増殖です。ピエール＝ジル・ゲゲンの意見と同じく、分析態勢への入り方は幻想からであり、症状からではないと思います。

アラセリが使った「解決的な夢」という表現ですが、私にはすごく当を得たものだと思われます。これはジャック＝アラン・ミレールが何年も前に発展させた「無意識は解釈する」[25]というテーゼを例証するものです。このテーゼが問いを提起するのは、ある立場に関する問い、つまり解釈を生産する無意識の特性に直面したときに分析家に残されている立場に関する問いです。それから実質上分析家の解釈というものがこの治療には一つも存在しないということにも、留意したいと思いました。

私が思いますに、ある一つの選択こそが、幻想の形をとるなかで明らかになるもの――症例の最初期から無意識が生産しているもの――に応えています。

突然思いついたのですが、分析家は症状を引き起こして分析的形式を与えなければならないのと全く同様に、ある機能を満たすことも必要で、それがここでとてもよく描かれています。つまりそれは、無意識の形

24（原注）名誉の戦いで命を落とした戦没者を記念して捧げられた場所がここで話題になっている。そのモニュメントはフランコ独裁政権下に建立された。

25（訳注）ジャック＝アラン・ミレールが１９９５年に提出したテーゼ。それによると、フロイトと同じくラカンも無意識の形成物の一つである夢を象徴的なものとして捉え、分析でその意味を解読し解釈する作業を行うものと考えていた。しかし後期のラカンにおいては、無意識を「意味の外」にある、現実界として捉える考えに傾き、それに伴い、無意識がその自らの解釈を夢として産み出すと考えるようになったというもの。J.-A.Miller, «L'interprétation à l'envers», *La Cause freudienne*, n° 32 (1996), pp.5-8.

成物の、シニフィアン的な再試行を引き起こすことです。そこで私は自問しました――無意識による解釈以外の解釈は存在しないのですから――症例提示のはじめに注意を促されているように、「罪責感から患者を解くことをしない」という立場を、どう評価すべきだろうかと。

ほかに知りたいのは、治療の終わりには過ちに関して主体による書き込みが生じ得たのかどうかです。この女性の最初のすばやい反応とは、負傷者たち、数多くの「横たわるキリスト」たち、テロの犠牲者たちには関わらずに、とにかく走って逃げるというものだったわけですから。べつの言い方をするなら、この患者にとっての罪責感の治療とは、どのようなものだったのでしょうか。

ヴィセンテ・パロメラ　多くの事柄についてすでに得るところがありましたが、二つの点を強調したいと思います。まずアラセリ・フエンテスがすでに示したように、症例のなかでもっとも矛盾していて真に特徴的なのは、この女性が自分にとって完全に未知のものだった憎しみと出会うことです。リカルド・アランツによる鼠男の症例への言及は、とても適切だと思いました。確かなことなのですが――そしてこれは範例の価値を持っています――主体がトラウマ的な状況に従属した状況に陥るとき、自らの欲動を誤認すればするほど、「トラウマを被った」というステイタスのなかに身を置いてしまいがちです。逆に、自らに住み着いている享楽についてなんらかの知を持っている主体は、それほどには脅かされないものです。それで実際にこの女性は、このとき未知のものに対峙している自分を発見したのでした。

しかしながら、私たちは「置換要因」を喚起することもしました。それはキリストのあの像のなかに、ある何かが幻覚的な形で回帰するということを意味していて、この人物像は置換もしくは抑圧という形をしてではなく、知覚されたものの形でかえってきているのであり、それもかならずトラウマの事後において回帰するということです。

そういう理由で第三の時間が必要なのです。夢の時間であり、幻覚の形で回帰した像を入念に作り上げるための時間です。私にはそれがピエール＝ジル・ゲゲンが言ったような幻想的な次元のものなのかは分かりません。むしろフロイトが『快原則の彼岸に』のテキストで喚起している、悪夢の形をとったトラウマの回帰のようなものが問題であると言いたい気がします。

確かにテロ以前から問題をすでに持っている女性に関わっていることについては、私も賛成です。ある視線、息子の視線から身を引き離すことができなかったことに、彼女は苦しんでいます。そのせいでキリストの視線がその位置を占めにやってくるのです。トラウマの臨床においては――そしてこれは症例が教えてくれている重要なことですが――それぞれの時間を区別する必要があるのです。最初の時間は、主体がトラウマの現実界との出会いからつくる話（récit）の時間です。第二の時間は、かならずトラウマにたいしてある主体的な関わり、もしくはトラウマの内在化が存在することから発します。その結果、主体的な関与がない場合は、トラウマ的な出来事の影響はありません。この症例では、主体的な関与が依拠する媒介的要素は、逃げているあいだ、ひとりの負傷者に遭遇し、それがキリストの像を呼び覚ますことです。それは生じない可能性もあったでしょう。でも、分析家の解釈という手段によってではなく、夢という抜け道によって実行された作業のすべてを可能にしたのは、それなのです。夢はハンドルを構成していて、それが知覚水準を超えて物事を移動させ、換喩的に操作している、こう言ってよければ、トラウマ的な出来事の表象の連鎖とは区別されるべつの連鎖のなかに、物事を書き込むのです。

それが私たちに教えてくれているのは、トラウマの症例の治療とは、トラウマの「穴」を、あるべつのシニフィアンの連鎖に向けて移動させることにあるのだろうということです。そしてこのべつのシニフィアンの連鎖が、「穴」を、主体にとっての「意味の外」に切り離しています。この症例の長所のうちの一つで、私にとってこの症例をトラウマの臨床の範例的なものとするもの、それは、継起的な夢の作業の道を通してこの置換がいかに生じているかを示しているところです。継起的な夢が、トラウマを構成した出来事との出会いを切り離すこと、あるいは消化吸収することを可能にしています。

ファン・カルロス・タゼジアン　ルシア・ダンヘロが過ちに関して拓いた道を進もうと思います。過ちを通して主体的な関与の最初の時間が存在するなら、第二の時間もまた存在し、それは憎しみと、たぶん恥の時間だと言われています。二つのあいだの違いは何か、考えなくてはならないでしょう。私には主体の分割を示すような、過ちがその後変化したものを、うまく思い描くことができません。

アラセリ・フエンテス　分析家の立場については、ルシア・ダンヘロの考察と同意見です。宗教的なものであれ人種差別主義的なものであれ、その意味づけのせいで生産が妨げられることのないように私は努めました。空いている場所を守り抜こうとつねに試みました。原稿に書きませんでしたが分析家としての私の立場についていくらか明らかにしてくれそうなことを、ここで付け加えようと思います。この女性は夢を語るまえ、一つ失策行為をしています。私のいる相談機関には行かない、反対方向のバスに乗ったのです。本当に、それはあたかも完全に取り乱した彼女が爆発の中心から走って逃げ、テロの場所から遠ざかろうとそこに来た最初のバスに飛び乗ったときのようでした。彼女は電話をかけてきて私にこの失策行為を説明しました。症例にはこのエピソードは入れませんでしたが、私が強調したいのは、この女性の人生で開いた穴というものを、意味が塞ぎにやって来ないように努めたということです。じっさいのところ、横たわるキリスト像のおかげでトラウマにおける主体の関わりというものが存在しましたし、最後にはあの視線の上に覆いが敷かれて、結びの夢で、顔のない男が現れ、彼女を落ち着かせるのです。

フランシスコ・ローザ　たいへん具体的な質問をします。カルミナ・オルドニェスという人物について彼女は何を知っていますか。この人物は第六の夢に登場しています。その死について彼女は何か知っていたのでしょうか。あるいはこの女性は彼女にとって女性の理想をあらわしているのでしょうか。

アラセリ・フエンテス　確かにカルミナ・オルドニェスはこの頃亡くなりました。この女性は新聞や雑誌でよく取り上げられ、私の患者とほぼ同い歳だと思います。そのうえ、この名前「カル―ミンナ（Car-Minna）」は患者の名前を含んでもいます。カルミナは闘牛士の娘であり、妻であり、母でした。彼女は浴槽で死んだ状態で見つかり、自殺だったのか、薬の過剰摂取による死なのか分かっていません。患者がカルミナ・オルドニェスについて語ったのは、彼女が3ヶ月のあいだ癌をなおざりにしていたと私に語った日でした。「私のからだで起きていることには傷つかないのに、テロがこんなに私を傷つけるなんて奇妙です」とも言いました。でもほどなくして、カルミナ・オルドニェスの死の夢を見たに違いありません。

ジャック゠アラン・ミレール　あまりシニカルな態度を取りたくないのですが――ほんの少しだけ。今や私たちはマドリードのテロのときからは少し遠いところにいて、あれは一つのスペクタクル、世界規模のスペクタクルを構成したと言うことができますし、この女性がとてもよく教えてくれているように、イスラム教原理主義者の超生産物（superproduction）は、彼女のからだで生じた小さな嚢胞《のうほう》よりも重大なことでした。ここに来るまでの機内で、私はボリス・グロイス氏[26]の記事を読んでいました。彼はドイツ人の教授ですが、近いうちにバルセロナで講演して彼の最新の著作――これはまだ本屋にはなくて、新しい主題についての本ですが――を紹介するはずです。ウサマ・ビン・ラディンは彼にとってはひとりのインプレサリオ[27]で、世界

26（訳注）Boris Efimovich Groys（1947–　）：哲学者、美術評論家。
27（訳注）演劇やオペラなどを行う団体を組織したり、その資金を調達したりする者。

規模のスペクタクル映像のプロデューサーなのです。「彼はマンハッタンで開始し、マドリードでも続ける」――この上もなくシニカルな考察です。この患者は同じスタイルのことを言うに至っています。

　すでに知っていることを確かめて満足するのではなく、新しい観点で見てこそ、私たちはこの症例から学ぶことができます。教えてくれるのは各症例にある新しい物事です。

　私たちにとって治療効果の迅速性というものが本質的な問いであったことは、今まで一度もありませんでした。今そのことに気を配っているのは、私たちがフランスで被ったトラウマが原因です。私たちはアコイエ氏とインセルム[28]の科学的と称するレポートにぶつかったのですが、このレポートは治療の評価にかんするもので、精神分析はなかでも一番出来の悪い生徒であり、他方ＴＣＣ（認知行動療法）は――これも通常大いなる威光を享受しているとは言えませんが――審査員たちの賛辞つきの評価を得て終わっていました。私たちはそのことでひどく痛めつけられましたが、いまは物事があるべき場所におさまったことにとても満足しています。つまり私たちが一番上で、他の人たちは……。

アラセリ・フエンテス　……下のほうに。

ジャック＝アラン・ミレール　そうなのですが、話はまだ終わっていません。私たちはトラウマから回復しましたが、今度は他の人たちがトラウマを負った状態にいて、連日、新聞で怒りの声をあげています。これはとても面白いことです。ですから、被ったトラウマのせいで、私たちは問いを提示するのです。誰がもっとも上手に治すのか。分析家なのか、あるいは21世紀の修正的パブロフ主義の新催眠術師なのか。私たちにとってはずいぶん前からよく知られている人物です。彼は20世紀の半ばにはとても評判が悪かったのです。私たちはどうして急な変化が最近起こったのかを見る必要があります。パブロフは東欧と西欧の交差したところにいました。ピアニストやダンサー、チェスの競技者らとともにアメリカ合衆国で評価された唯一の旧ソ連人でしたが、それは彼がファースト（fast）、迅速だったからなのです。そこには迅速性という主題に関する、共産主義と資本主義の一致点がありました。しかもスターリンはアメリカ精神とスラブ精神のもっとも良いものを結び付けなければならないと主張していました。催眠、行動主義、パブロフ主義は同じ家族の出です。行動主義のセラピーはすべて暗示によって行われ、患者に自身への信頼（自信）を回復するよう暗示をあたえることにより「治す」ことを目標としています。これら自信の教授たちはその主題にかんして本を書いています。「自信がもたらす幸福」。

2日前に『ル・モンド』紙がある人物の意見を載せました。彼は医師と名乗り、フランスの厚生大臣のことを例のレポートからは距離をとりインセルムを攻撃したとの理由で非難していました。大臣や政治家ともあろう者が科学を非難するなど、かつて見たことがないと彼は言っています。この意見の持ち主はどんな人物なのでしょうか。グーグルで素早く検索すると、ちょっとした不幸にたいするのと同様に大うつ病にたいする薬として、自信を推奨するような本を書いていると分かりました。また彼は「スティミュラス」と呼ばれる会社の相談室を運営していて、おまけに10人の大学教員とともに一冊本を書いていました。どこの出身の人かお分かりですか。カナダのケベックです。ですからいまや彼は政治の闖入にたいする科学的精神の擁護者となっているのです。この「スティミュラス氏」は私たちにとって天からの贈り物だと言わなければなりません。この人たちは今までは影に身をひそめていたのです。今彼らは表に出てきたので、私たちが誰に関わっているのかが分かるようになりました。

28（訳注） フランス国立保健医学研究機構。レポートは以下。Insern (dir). *Psychothérapie: Trois approches évaluées*. Rapport. Paris, Inserm, 2004.

ですから、自分自身への信頼を用いることで治せると主張するセラピーが問題になっています。「我々は治せます、素早く治します、それから、ある一定の病気にたいし、治癒に必要な面接回数を見積もることができます」と主張しています。これは私たちのスタイルではありません。私たちは幸福の商人ではないし、自信の教授たちでもないのです。それどころか主体が自信を無くすことも分析には必要とされ、その穴が開かれたまま作業が行われるよう、あまり早く自信を取り戻さないことも必要とされると考えます。もし治療効果があるとすれば、それは間接的なものです。ブリーフ・セラピーはあの治療の情熱（furor sanandi）[29]、治す欲望の例そのものですが、それにたいしフロイトは私たちを警戒させました。

分析的治療は性質から言って長く時間がかかるものですが、一方で認知行動療法はブリーフ・セラピーのように紹介されています。もし認知行動療法が短期間のものであるとすれば、それはまず治療者から被るプレッシャーに主体が長いこと耐えられないからでしょう（笑）。治療者が患者になにがしかの心的プレッシャー、場合によっては肉体的プレッシャーを与えるせいで、その拷問は延長不可能なのです。あの忘れられない傑作、『時計じかけのオレンジ』[30]を見れば、そのことがとても良く分かります。

確実に分かっているのは、分析がはじまってまもなく、あるいは分析に入るとほぼ同時のこともたまにあるのですが、主体の状態が良くなることに私たちが立ち会うということです。それは一年間続くこともあります。アメリカ人たちはそれを分析のハネムーン（honeymoon）、蜜月と呼んでいます。私たちはより詳細にこのときについて研究し、スティミュラス氏たちの強力なプロパガンダに対応しなければなりません――強力な、というのは、彼らは自信を持っているからです。

この点についてなぜパリのＣＰＣＴによる研究がまだ存在しないのでしょうか。バルセロナのＣＰＣＴはまだ誕生して間もないので分かるとしても？　それはおそらく迅速な効果を持つが長期にわたる分析的治療しか、私たちが経験していないからでしょう。そこで問いが提出されます。精神分析において迅速な治療のような何かを定義することは、可能なことでしょうか。

アラセリ・フエンテスの症例から始めたのは良いことでした、これはもっとも迅速な症例のうちの一つで、20回の面接の症例ですから。しかし勝者は3回の面接であるアントニ・ヴィセンスです。続いてアラセリの20回（笑）。じきに私たちは一回の面接の症例を持つでしょう。一回かぎりの面接治療はすでに発明されています。極めつきはゼロ回の治療です（笑）。誰かがある講演を聴いて、治っている自分を発見することです。

今日ではひとびとが危険やテロの状況にさらされてトラウマを被る場合、治療者たちはサービスを提供すべく現場に駆けつけることになっています。他の人たちはそうしていますが、そこでなにが起きているのかを知るため、同点になるように、私たちも同じことを試しています。でも本当に介入することが必要なのか、人はゼロ面接（面接なし）でも自分自身で治るのではないか、自問してみるのもいいでしょう。ラカンがハンス少年について指摘しているように、大部分の子供の恐怖症はひとりでに治るものです。しかしながらハンス少年は父親、母親、フロイトを動かし、そのフロイトの背後には分析の共同体全体が控えていて、この症例を読み研究しています。ハンスの恐怖症が私たちに教えてくれることはとても重要ですが、一番多いのはその現象自体をある期間耐えれば充分なケースです。確かにさまざまなトラウマのあいだにある区別を確

29 （訳注） 治療の情熱。「人間社会は、〈治療者の情熱〉も含めて、そもそも熱狂なるものをなしですますことだってできる」「転移性恋愛についての見解」道籏泰三訳、『フロイト全集13』岩波書店、２０１０年、３２５頁。

30 （訳注） イギリスの作家アンソニー・バージェスの小説で、スタンリー・キューブリックがのちに映画化した。

立することは適切ですが、私はゼロ面接の方法、ザ・ゼロ・セッション・トリートメント（The Zero-session Treatment）を提唱いたします（笑）。これはより経済的で有効かつ迅速に効果をもたらすものですが、とても難しいものです。それから、ゼロ面接を推奨する治療者にたいして、支払いをしなければなりません（笑）。

私はすべてのトラウマがこのような経過を辿るとは言いません。トラウマが存在する症例にたいしては、その理由を問うことが適切です。マドリードのテロのとき、あるひとびとはトラウマを被り、べつのひとびとは違いました。火災や死があればトラウマが存在するのに充分だというわけではありません。血と暴力の凄まじい光景を、ひとびとは楽しむために映画館へ見に行くものです。テロがあったのだからトラウマが存在するのだと言うのも充分ではありません。危険それ自体は、トラウマ的なものではありません。たとえばバンジー・ジャンプをする人たちのように、楽しみのために喜んで自分の身を危険にさらす人もいます。危険なスポーツはたくさんあります。私に関して言うなら、スポーツはどれも危険なものです（笑）。ラカンを勉強しながら机に向かっていれば、私たちは確かにより安全です。

なぜこの症例においてトラウマが存在したのでしょうか。この症例は一つの原則を私に示唆するものでした——それが機能するかどうか見てみなければなりません——その原則とは、「トラウマが生じるのは、ある事実（un fait）が、〈言われたこと〉（un dit）、患者の人生にとって本質的な一つの〈言われたこと〉と対立することになるときである」「事実と〈言われたこと〉とのあいだに矛盾が存在するとき、トラウマが生じる」、です。

この症例で〈言われたこと〉とは、例の「愛そのものの父」のことです。ミンナは幼少期から愛そのものの父が監視している世界、まったき愛、真のキリスト教主義によって秩序づけられている世界に住んでいました。これは（片方の頬をぶたれたなら）べつの頬も差し向けよと厳命するものです——もしべつの頬がまだ残されていた場合のことですが（笑）。ミンナにトラウマを負わせるもの、それはもはや差し出すべき他の頬を持っていないということです。愛そのものの父の世界においては、これは理解不能な事柄なのです。他人というものは野蛮な動物であり人は自分で自分の身を守らなければならない、もし殺されたくなければ先に殺さなければならないのだと父親が考え、そのような世界のなかで彼女を育てていたなら、私たちは確実に違う話に関わっていたことでしょう。そのような世界観のなかであればテロ行為によってそんな父の教えが確認されることになったはずです。しかし実際起きたのは、テロ行為が彼女の住む世界の支柱を、消滅させてしまったということでした。

比較のために1751年のリスボンの大惨事[31]について考えてみましょう。当時まだこの名称は使用されていませんでしたが、あれは津波でした。気の毒なライプニッツが皆に説明したところによると、神はすべて最善を計らっていて、世界は可能世界のうちのもっとも善いものであり、悪はその必然的な構成要素であります。数分でヨーロッパの首都の一つを消滅させたあの津波が神の計算に入っているならば、神のコンピューターには調子のおかしいところがあるに違いないと、各自叫びました。これはヨーロッパ思想史のなかで、決定的なときでした。リスボンで津波が起こり、ライプニッツの見方が危機に陥ったということからすれば、マンハッタンとマドリードのテロはもはや私たちにとりそれほどトラウマを負わせるものではありません。

31（訳注）正確には1755年。ポルトガルの首都を大地震と津波が襲い、死者は6万人以上に上ったとされる。この地震はさまざまな方面でヨーロッパ社会に多大な影響を与えた。

しかしながら、最近のテロ行為が重大な知的疑問を突きつけることになったのは間違いありません。文明とは何であるか。いくつかの点においては、野蛮な文明というものが存在するのか。イスラム圏の場合はそうなのか。それとも全くそんなことはないのか。

いずれにせよこの女性にとってトラウマは、あるずれ、ある不一致の結果であるように私には見えます。一つの法、まったき愛の父の法によって治められた世界と、法なき現実界の出現のあいだにある、ずれ、不一致のことです。フランスで来月（2005年3月）出版されます「現実界に法はない」、これはサントームのセミネールに出てくるラカンの謎めいた言い回しです。

ミンナの世界は法とともにある（avec）世界です。何故ならまったき愛がその世界を取り仕切っているからです。そのような世界と、法のない何かが不意に出現することとのあいだ、また自身のなかに彼女が発見する憎しみとのあいだには、矛盾が存在しています。そのとき世界は、彼女に読めないものとなるのです。

大変すばらしいのは、転移がはじまること、そしてあの恐ろしい真実、現実界に法はないということをみた後、最後彼女が再び心穏やかに眠るのを確認できることです。津波が一分後にやってきて私たちや私たちの諸概念を破壊しないとすれば、それは偶然の結果に過ぎません。バルセロナの津波はいつでも突然起こりうることです。エールフランスの飛行機がアルジェリア人反逆者らにより迂回させられ、もう少しでエッフェル塔に激突するところだったようです。そういうことは至る所で起こりえます。ですからどのように――まさに夢のおかげでしたが――主体が人類に共通する夢想（songe）を回復するに至るのかが分かるのは、大変すばらしいことなのです。

ヘラクレイトスは、夢を見るとき人はその世界にただひとり存在している、他者とその同じ世界を分かち合うのは目を覚ましてからに過ぎない、と言っています。しかし真実はむしろ、目を覚ましているとき、私たちはみな同じ夢を分かち合うというものでしょう。トラウマと私たちが呼ぶものは、私たちを共通の夢から外に連れ出すもの、多かれ少なかれすべてはうまく終わるだろうとか、人生は続いていくといった共通の夢から、外に連れ出すもののことなのです。治癒と人が呼ぶようなものは、眠りを取り戻し、共通の夢想を回復することにあります。それは「復元された意味の網目」について語るときにアラセリが大変うまく言いあらわしている何かです。無意識が大他者の言説であることを示したいなら、私たちにはここにまったくうってつけの例があるというものです。

人はこれらの夢の一つ一つから戯曲を書くことができるでしょう。たとえば、トラウマ後の悪夢「キリストである男性が地面に横たわり、彼女を見つめている」を使ってです。彼は彼女を思い出しています。それは神のような、負傷した男性で、彼女を見捨てた父親の人物像なのです。それが打ちひしがれたキリストの身体のなかに受肉しているのです。

べつの点を挙げます。転移はいったいいつ始まったのでしょうか。私の意見ではアラセリが彼女に辞書を頼んだときに始まっています。ルーマニア語のものですよね？

アラセリ・フエンテス　そうです。

ジャック＝アラン・ミレール　彼女はあなたに父親と幼少期の故郷への関心を明らかにしています。そしてすぐに転移の夢を持ってきます。あなたがその言語の鍵を彼女に求めたとき、メッセージが届くのです。アラセリは「私はあなたにコードを要求します」と言い、ミンナは「私はあなたにメッセージを与えます」と答えているのです。こういうことすべてが従っている完璧なロジックがちゃんと感じられます。カオス、テロ行為、悪夢、トラウマ後の諸症状の中央に、非の打ちどころのない一つのロジックが働いています。そして第二の夢がやってきます。「たくさんの人が彼女を見つめていた。彼女は自分が落ち着いているのを感じていた。ひとりの女性が留まるようにと彼女を誘う」。これは分析状況の再現です。

第三の夢で、彼女はブカレストの下水道にジプシーの女性といっしょにいて、トンネルの先には光があります。これが一貫した主題であることに注意しましょう。いいのです、私はあの女性といっしょにいるのが心地よいし、外に出られるし、ジプシーの女性は私を立ち去るがままにしてくれます、ということです。彼女はこれらのことによって母親のことばを打ち消しているのです。それと同時に、ある解決が芽生えるのが感じられます。第三の夢についてのアラセリのコメントの最後に読みとれるように、それは宗教的に〈言われたこと〉と、決別することにあります。「彼女は息子が頼んだ手助けよりも宗教的な掟を優先する両親に激怒します」とあるとおりです。以上がテロにおいてトラウマを生むものとして明らかになったものであり、それは〈言われたこと〉のなかにありました。

続いて彼女はカイードスの十字架を訪問します。私の記憶が確かなら——というのは写真でしか見たことがないからですが——ここで話題になっているのは巨大な十字架です。これはそれ以前に想像界のなかで体験されたものの象徴化です。つづいてねじ（vis）という語が出現し、ルーマニア語でこれは蛇（serpent）に近い語ですが、これはパルカたちの具象化以外のなにものでもありません。「それから、幸せが完璧なかたちで存在していた楽園からの追放です」と彼女が言ったのが、まさにこのときでした。夢はトラウマを再現しています。彼女はじっさい愛そのものの父の幸福のなかを生きていましたが、これこそテロ行為が破壊したものなのです。負傷した者、それは愛そのものの父なのです。こうして人生の糸が——それは「愛そのものの父」という幻想によって覆われていたのですが——むきだしになってしまったと言えるでしょう。

第五の夢。「一匹のワニがいて私以外のみんなを噛んでいます」。これは見事です。彼女は難を逃れています。「私がトラウマを負った者になったことを除いては、すべてうまく行っています」ではありません。その逆です。「私以外」なのですから。そして「私はその尻尾をつかまえて宙に逆さ吊りにします、その口は開いています」。素晴らしい。この夢についてアラセリの非の打ちどころのないコメントが続きます。「彼女はファロスを持っていて、それをどうすべきかを知っています」。もはや驚くことはありません。

第六の夢。ゴシップ誌のシンボル、カルミナ・オルドニェスは、愛そのものの女性か、またはすべての愛(tous-amours)そのものの女性であると理解しようと思いました[33](笑)。彼女は愛そのものである父とつり合う、すべての愛を持つ女性です。

第七の夢は「顔のないひとりの男性がいました」ですが、私は首を二つ持った王が出てくる[34]ヴェデキントの「春のめざめ」を思いつきました。ラカンはこの主題について、それはたぶん首のない人物がいるからだろうと言っています[35]。ここで私たちが会うのはそういう人物なのです。つまり、もはや知っている主体は存在せず、現実界には法がなく、法的なものには王がいないのです。世界に王がもはや存在しないのです。去勢、人間の去勢だけがここで問題になっているのではありません。それは主体にとって、トラウマを生みだすあらゆる理想化を手放すことが可能になるような地点なのです。理想化がないならば、トラウマもありません。

---

32 (訳注) ローマ神話における運命の三女神。ノナ(運命の糸を紡ぐ)、デキマ(運命の糸を人間に割り当てる)、モルタ(運命の糸を断ち切る)からなる。

33 (訳注)「すべての愛そのものの女性」という言葉からは、例えば女性が恋人を複数持ち、愛を一つひとつ各恋人に配るようなニュアンスが生じる。

34 (訳注) F・ヴェデキント『春のめざめ』酒寄進一訳、岩波文庫、2017年、48–49頁。

35 (訳注) J. Lacan, «Préface à *L'Éveil du printemps*», in *Autres Écrits*, Paris, Seuil, 2001, p.563.

それは古代の知恵の理想でした。神々を信じないこと、その善意を信じないこと、その結果、到来する物事が意味を欠いたものとして捉えられるのです。

これらすべてはミンナの話＝歴史が結局一つの幸運であったと考えさせます。この話、少なくともアラセリが語ったそれは、完全なものです。私たちは「これ以上にはなり得なかったろう！」と思うのです。この先があるという感じはいたしません。

この主体に関して、彼女にふりかかった不幸、苦しめられた病気にかんして、この話はまったく完全なものです。私が思うに、これは迅速な分析的治療の一つの例でしょう。「私たちはそれができる」と言うことができます。私たちにはそれができますが、催眠術師やパブロフ主義者にはできません。このトラウマを治療するのに彼らはと言えばそのセラピーをもって患者に「対抗して－トラウマを負わせる（contre-traumatiser)」、言い換えれば第二のトラウマを生みだすことになるでしょう。

私はこの治療を推進することに賛成ですが、それは一つの理想としてではなくて、20回の面接のあいだで私たちができることの一例としてです。でも私たちは目下3回の面接について、討論すべき状況にあります。これは私たちが歩んでいる迅速性を示すものです（笑）。

第二章　症例マルタ——夫の暴言に悩み離婚を望む30代女性

3回の治療面接

アントニー・ヴィセンス[1]

マルタは不安で身動きが取れなくなっていて、その解決策を求めて、CPCT（「相談と治療のための精神分析センター」）にやって来ました。彼女は30歳くらいで、結婚していて、8歳、6歳、2歳の3人の娘を持つ母親です。彼女と夫、そして娘たちは、末っ子が生まれるとすぐにアルゼンチンからスペインにやって来ました。夫は独身時代にもスペインに滞在したことがあり、その後アルゼンチンに帰国していました。彼は今回家族といっしょにスペインに再びやって来たわけですが、働き口を求めてのことでした。

マルタは高等教育を受けたあと大学の勉強をはじめますが、すぐに放棄しました。仕事もなく、ドラッグにふけり、社会の周辺部ぎりぎりで生きるようになります。のちに夫となる人と知り合ったのは、この時期のことでした。数ヶ月前まで、彼女は夫と娘たち、そして憂慮すべき人物、つまり夫の母に従って、生きてきました。こうして私たちはマルタの人生の三つの区切り[2]（scantion）から話を始めたことになります。学業の放棄と薬物中毒の時期、結婚と夫への依存がはじまった時期、そして立場に変化があった最近ですが、これは説明を要します。

私は彼女と行った3回の面接を取り上げようと思います。

初回

この回彼女は不安から泣きじゃくっていて、泣き止むと私に今置かれている状況を語ってくれました。数ヶ月前のことですが、彼女は「目覚めて」、自分が経験していることは耐え難いことであると理解しました。夫は暴力をふるうことはありませんでしたが、ことばによる虐待を彼女にしつづけていました。俺が惨めな境遇から救ってやったんだとか、おまえは何の役にも立たない、おまえは糞であるなどと、ことあるごとに言うような男と、彼女はいっしょにやっていけないと話します。彼女は離婚を望んではいるものの、孤立していて仕事も持っていませんでした。夫のほうはと言えば、すべてはうまく行っていて、別れを望むなんておまえは気が狂っていると言うのでした。

この夫は自分の母親に支配されているのですが、この母親はどこにでもつきまとおうとする人物でした。よくアルゼンチンからこちらに旅行しては、息子家族と数ヶ月いっしょに過ごしていました。夫は母親にすべてを相談し事情を話してから行動していました。つまりは母親が彼にすべきことすべてを指図していたのです。このふたりが離れて暮らしているときは定期的に電話で連絡を取り合っていました。この義母の存在が自分の欲望を絶えず拘束することを、もうマルタは受け容れられなくなりました。そして義母とその息子というカップル間におけるマルタの第三者としての役まわりも、許容できなくなりました。マルタの語る目

---

1 （訳注） Antoni Vicens：バルセロナ在住精神分析家。ＡＭＰ、ＥＬＰ会員。

2 （訳注） 本書では「時間的に区切ること」scanderは「区切る」と訳し、「文章に句読点を打つ」poncturerは「句切る」と訳している。ただscanderには「はっきりと、際立たせて発音する」という意味もあり、その場合は「句切る」とした。

覚めが起こったのは、そのときのことでした。

しかしながら、夫が加害者で彼女は被害者であるというこの話の行間には、逆のストーリーも浮かび上がってきます。夫はスペインで法的な状況を正常化することをしなかった、つまり彼は不法滞在者でいるいっぽうで、彼女のほうは帰化の手続きがきちんと進みました。彼女は祖父母が両方ともスペイン人であることを利用したのです。この点では夫のほうが不利でした。

マルタの不安は純粋な形で——欲望の道を塞ぐと同時に、その道を知らせてくれてもいる、一つの結び目のように——姿をあらわしていました。

彼女の言説を妨げているこの現在の状況を把握しようとして、私はマルタに人生で似たようなことがすでにあったかどうか訊ねました。すると21歳のとき、彼女を育て、いつも彼女の支えであったガリシア地方の母方祖母を亡くしたと語りました。そのとき自分の具合がとても悪いと感じたためにあるセラピーを開始して、彼氏とは別れ、そしてコカインを摂取しはじめ、学業を放棄したのです。そして直後に出会ったのが今の夫というわけでした。

私は彼女の反復について注意を促しました。つまり彼女はふたたび成人のときの状況に出くわし（当時アルゼンチンでは成人とされるのは21歳からでした）、自分の考えで行動することが求められているのです。祖母の死によって成人になるということが宙づりになってしまい、彼女は当時それを引き受けられなかったので、この新たな状況のなかにこういう形でまたそれが突然現れているのです。

それと同時に、彼女が示しているこの不安が彼女の尊厳であるということにも、注意を促しておきました。

第2回目

彼女はこの面接に英語でノー・ストレス（No stress）と書かれたTシャツを着てきて、二つ目の反復を示す話を持ってきました。いまのマルタとちょうど同じ年齢のときに、ガリシア地方のあの祖母——ピラールと呼ぶことにしましょう——が、3人の子どもを抱える未亡人となっていたのです。ピラールはこのときアルゼンチンにいましたが、それはマルタがいまスペインでいるのと同じ、移民としての滞在でした。

マルタは私にこのとき3人の娘の話をしました。最初の子は望んでできた子でしたが、2番目と3番目は違いました。彼女は下のふたり、とくに3番目の子が生まれたときの罪責感について語ります。医者たちは合併症を予想していたのに、出産のとき夫は別の場所にいて、おまけに浮気までしていました。しかも生まれるのを待っているあいだ——出産自体いろいろな点で問題があったのですが——マルタは義母の世話になっていました。彼女の罪責感というのは、こんなふうに物事がなされるがままにしてしまったということから来ていました。

彼女には一つの決断を下さなければならないことが分かっていました。自分をより強いと感じることと、経済的自立への一歩を踏み出すということだけが彼女には欠けていました。それからこの決断が家族を巻き込むことも分かっていました。家族はと言えば、娘たちは質問してきましたが、彼女は離婚が子供たちに強い影響を与えることを怖れているのでした。やむを得ない選択をすべき状況に自分が置かれていること、子供たちにとっては親の離婚という最悪のことになるかも知れないことが分かっていました。

第3回目

3回目の面接で、マルタは祖母ピラールのことを話しました。祖母が亡くなると、そのお墓の世話をするのは家族のなかでマルタだけでした。面接の2日前のこと、マルタは自分が泣いたことを友達に語ると、その友達はマルタが泣いているのを今まで一度も見たことはないと言い返しました。それまでマルタはまったく気が付かなかったのですが、祖母の死にあたって泣いたことはおそらくなかったし、今に至るまで泣いたこともなかったことを思い出しました。それは喪の作業がなされていないのに似ていて、これまでのあいだ宙づりになったままだったのです。

それから彼女は仕事を紹介してもらえそうだと私に言いました。

彼女は父親にかんする一つの謎を含む、ちょっとした話をして帰りました。この前の夏、両親は娘に会いにスペインにやって来たのですが、それは故郷を訪れるためでもありました。まずは母方の親戚たちと知り合うためにガリシア地方に行きました。村や家を見て、多くの親戚に会い、何事もなく過ぎました。続いて父親の故郷であるアンダルシア地方のある村へ向かいました。しかし道すがら、到着する直前になって、父親は突然癇癪を起こして怒り出し、マルタを罵り始めたのです。マルタは父親がそんなふうになるのは一度も見たことがなく、突然狂ってしまったのかと思いました。旅行はそこで中断し、父親の故郷には行かずに帰途につきました。

4回目の面接の前に、マルタはセンターに電話をしてきて、仕事が紹介されたのでやることにした、したがって面接には来られないと言いました。センターの人はまた来るように言い、彼女は近いうちに来られるようにすると返事しました。彼女は一度は来ると告げたのですが、今までのところ来られないでいます。

【討論】結婚生活のなかの三角形

エルヴィラ・ギラーニャ　この3回の面接は終結に至ったとアントニは考えています。すなわち患者が仕事を見つけたということが、治療効果の一つであると考えています。3回にわたる治療のなかで、アントニは反復を二つ、指摘しました。

ピエール=ジル・ゲゲン　この短いケースで以前と以降（before and after）の評価方法を採用するなら、私たちは最初大きな不安状態にあり夫との生活がうまくいっていないご婦人に関わっていましたが、3回の面接の後では彼女は、夫と離婚することができたか、少なくとも距離をとることに成功して、仕事を見つけて娘たちの世話もできるようになったと……。

エルヴィラ・ギラーニャ　肝心な点は仕事です。

ピエール=ジル・ゲゲン　確かにそうです。この3回の面接のあいだに何が起きているのでしょうか。アントニは不安を正当なものとして迎え入れ、それが象徴界において現実界の一つの点（un point de réel）を固定することになり、この点から転移が発達していきます。おかげで患者は二つのことを発見できました。先ほどの症例で使われたジャック=アラン・ミレールの表現を借りるなら、家族や人生の大黒柱（支柱）であった祖母の死によって引き起こされたトラウマを被ることにより、患者の世界が変わってしまったこと、これが一つ目です。二つ目は彼女が夫との関係や対人関係全般を分析することができるようになったことで、周辺に生きたりいじめられたりする自分の傾向を分析することができるようになったことです。それまで彼女の世界がぐらつくと、彼女はじっさいそのように振る舞っていました。3回以上かからずに、彼女を虐待していた父親にたいする自分の位置に気づきます。私の意見を言えば、最後に彼女は新たな同一化を見出しています。大黒柱、つまり死んだ祖母への同一化のことで、彼女はそれを得たうえで、別の場所で別のやり方をもって、新しい人生を送ることができるのだと思います。

エルヴィラ・ギラーニャ　欲望の道が開かれることのシグナルとしての不安は強調されて然るべきで、アントニはそれを「彼女が示しているこの不安が彼女の尊厳であるということにも、注意を促しておきました」と言いながら、句切っています。

マリオ・イズコヴィッチ　この女性はすでに分析をやったことがあるのかどうか、私は自問しています。またこの不安こそが、彼女を相談に導いたのではないだろうかとも考えています。

アントニ・ヴィセンス　この不安の点は肝心なところでして、象徴界における現実界の出現のように捉えなければなりません。つまり象徴界における「物自体」[3]（Das Ding）の位置が占めているもののように捉えなければなりません。そういう理由で私はこの解釈をしたのです。「この不安のなかに、あなたの尊厳があります」。ほかに説明はいらず、主体は問題になっていることが何なのか、完全に理解していました。なぜなら不安がまさに彼女の欲望の道を示していることがはっきりしたからです。主体にとって欠けていたのは多分、「そう、そういうことです」と言う、大他者のことばだったのです。

ジャック=アラン・ミレール　何が彼女を目覚めさせたのでしょうか。

アントニ・ヴィセンス　ある時間的な偶然の一致です。

ジャック=アラン・ミレール　あなたは「義母がマルタの欲望に行使する重圧のせいで、義母の存在が完全に耐え難くなったときに、マルタのいう目覚めが関連している」と述べています。なにか特別なことが起こりましたか。

アントニ・ヴィセンス　把握していただけたかどうか分かりませんが、時間的な区切りがあり、それは初回からすでに存在していました。

ジャック＝アラン・ミレール　それは国籍に関係していますか。こう質問するのは、彼女はスペイン国籍を持っていますが、夫は持っていないからです。「彼女が目覚め、その生活は耐え難いものであると理解したのは、数ヶ月前から陥っているその局面を私に語ったときだった」とあなたが言うとき、問題となっている出来事がなんであるのかがはっきりとは分かりません。私はたんに、何かこれという出来事があって彼女が目覚めたのかどうかを、質問しているのです。

アントニ・ヴィセンス　一つの出来事があったのですが、それが正確にどんなものだったか思い出せません。

ジャック＝アラン・ミレール　それは彼女の年齢的なことですか。一つの数字ですか。

アントニ・ヴィセンス　祖母の死との関係でのことです。

ジャック＝アラン・ミレール　祖母が亡くなった歳に彼女は近いですか。

アントニ・ヴィセンス　いいえ、祖母が未亡人になった年齢に近いです。「患者は今日未亡人となったときの祖母の年齢と同い年である」とあるとおりです。そして祖母が大黒柱になるべく自分を奮い立たせたのが、まさにこのときでした。

3（訳注）「物自体」は物の存在それ自体のことであり、言語による把握（象徴化）からは逃れるものでありながら、それを取り囲むように象徴界が構造化されるような事物（現実界）。

ジャック＝アラン・ミレール　それは半透明ですね……。

アントニ・ヴィセンス　透明です。「半透明」というのは少し不透明なことを意味しますが、少し不透明ですが少しは透明だということです。たぶんそのほうが良いのです。それはあたかもそれが描かれているスクリーンみたいなもので……。

ジャック＝アラン・ミレール　いっそう気に入りました。

アントニ・ヴィセンス　ベルガッセ通りのフロイト家の玄関にある、あの古いガラスの版画のようなもので、私たちはその写真を見ることができます。それは幻想のスクリーンのようです。それは目覚めさせる出来事、一つの喪の悲しみと関係していますが、この喪の作業は始まってはいたものの、進んではいなかったのでした。祖母の死のことです。以前彼女はセラピーをしたことがあるかと訊かれました。はい、祖母の死にあたり彼女はセラピーをしました。本人が言うように祖母が彼女を育てていただけになおさらのこと、彼女の世界が崩壊してしまったのですから。

ジャック＝アラン・ミレール　この祖母は多くの役割、象徴的な役割、想像的役割、現実的役割を果たしていたということが分かります。さきの症例と同様に、この3回の面接治療は完全なものです。不安の点から問題が生じて、そのあと、1！　2！　3！　これでおしまいです。

アントニ・ヴィセンス[4]　「マルタが泣いているのは今まで一度も見たことはない」と友人に言われたとき生じたのは、主体の分割です。それは患者自身に驚きを生みました。この友人は彼女に解釈をしています……。

ジャック＝アラン・ミレール　そうですね。でもさきの症例でもそうでしたが、解釈は解決をもたらすようなものでした。治療における迅速な効果という問題ですが、私たち自身はこんなふうに定式化したことはなく、これはアコイエ情勢[5]の圧力によって押し付けられたものです。そしてそのおかげで臨床において私たちがこれまでそのものとしては概念化してこなかった事柄に、気が付くことができたのです。この二番目の治療は完全なもののように思えますし、今回は3回の面接です。これをどう概念化すべきでしょうか。

注意を引くのは、あなたが言う、あるいはむしろ患者が言ったことをもう一度あなたが取り上げた「あるとき、彼女は自分が第三者の役割を持っていること、じつは義母が夫と結婚していることを理解した」です。彼女は第三者の役割をもっていました。その状況は一つのボロメオの輪[6]の形のもとに現れていて、夫、義母、そして妻である彼女自身を結び合わせているのです。そして夫にとって一番大事な絆というものが、義母との絆であることも感じとれます。マルタはと言えば、近親相姦の禁止ということから、子供を作るために必要とされています。彼女は三番目の者でしかありません。これはカップルではなくて、トリオです。そうなると、この人物が3人の娘を産んだあとになってはじめて目覚めるということが意味深いものと思えてきます。これは3人のパルカたちなのです。

彼女は長年夫と暮らしてきましたが、母親と結婚しているような男と、10年、12年間も夫婦でいることをなぜ受け入れているのか、理由を問うこともできます。それはつまり、彼女自身もまた祖母と結婚しているからなのです。3回の面接で、偽りのカップルの構造が見えてきます。二つのカップルが存在していました。

---

4 (訳注) division subjective：この語は「知と真理との間」や、「言表されたものと言表行為との間」で分割された主体など、さまざまなことに用いられる。ここでは、主体にとり無意識だった事柄が友人のことばによって意識されるようになったことを指す。

5 (訳注) 訳者あとがきを参照のこと。

6 (訳注) イタリアのボロメオ家の家紋で、三つの輪が合わさっている。ラカンは現実界・象徴界・想像界という三つの次元の連結をボロメオの輪を用いながら考えた。

つまり義母と夫、死んだ祖母と患者の二つです。

　そしてこれが3回の面接で解体されています。初回面接は状況を提示します。2回目の面接では、彼女はノー・ストレス（No stress）とプリントされたTシャツを着てきます。英語でですが、これはとても気が利いています。当然、すでに英語でなにかが起きたことを示しています。

アントニ・ヴィセンス[7]　あなたがここで言いたいのは、彼女の不調の原因がストレス（stress）によるのではなく、3（トレス、tres）によっているということですよね。それこそまさに彼女が私に言ったことでした。このストレスという言葉はよく使われるものですが、彼女は「私に起きていることの原因がストレス（stress）であると思わないで下さい」と言いました。

ジャック＝アラン・ミレール　そのとおり、ノー・ストレス（ストレスにたいする否、No stress）のなかに、私にはノー・トレス（3にたいする否、No tres）が聞こえます。

アントニ・ヴィセンス　それは明白です。

ジャック＝アラン・ミレール　彼女ははじめ3人の娘の話をして、つぎにノー・ストレスといっしょに、三者についての問いがやってきます。3回目の面接では、彼女は自分を墓の世話をしているただひとりの人物として描きだしています。祖母に花を持って行き、こう言って良ければ死んだ祖母の機嫌をとっている女性です。これは大変混じり気のない症例であるとどうじに準拠となる症例です。「これはアントニ・ヴィセンスの3回の面接の症例みたいだ」と言われるようになるでしょう。エステラ・ソラノが最近パリで提示した症例について言われているのと同じように。

アントニ・ヴィセンス　確かに彼女の症例はとても美しいものでした。

ジャック＝アラン・ミレール　私たちが生み出しているものは、政治的圧力の一つの結果です。それのせいで、私たちの臨床のある次元――私たちにとってこれがもっとも重要なことというわけではないのですが――つまり、ラカン派臨床の有効性を、明らかにせざるを得ませんでした。私たちの臨床のこの次元を調べ、勉強し、研究しつづけることに私は賛成ですし、それぞれが短くて真正かつ完全な、これらの症例を集めつづけることにも賛成です。

ラカンは（分析の）行程は一度しか作られないと言っています。「六十七年の提言」[8]と、セミネールの11巻でも言っています。これらの周期が存在すること、とくに分析者（分析を受けている人、analysant）が（分析を終わりにして）旅立つことを考えるときにこれらが存在していることを、私たちは感じるものです。そして分析者はあらたにひきつけられて、より長い行程に向けて、再出発するのです。今日ここで私たちが関わっているのは、完全で、かつ最初の周期です。これは分析ではない、分析は始まっていないなどと言うこともできるでしょう。それはつまり、ラカンにとり分析は完全に終わりのあるものですが、私たちは分析を無限のプロセスのように考えるほうに傾いているということです。この症例はその証拠を私たちに与えています――縮約された分析のように提示されているかぎりでのことですが。しかしそれを得るために分析家は長い期間かけて自分の分析をしなければならなかったわけで、それはまた別のことなのです。

このような症例はパブロフ主義の治療ではどうなるのか。それは恐ろしいことになるでしょう。

アントニ・ヴィセンス　祖母が死んだ20歳のとき彼女がどんな治療を受けたのかは、知ることができませんでした。

7（訳注）スペイン語で3のこと。

8（訳注）J. Lacan, «Proposition du 6 octobre 1967 sur le psychanalyste de l école», in *Autres écrits*, Paris, Seuil, 2001.

ジャック゠アラン・ミレール　何かで穴を塞いだり、強いて縫い合わせたり……。

アントニ・ヴィセンス　……彼女をごみの位置に置き去りにして、堕落した女性として男に選んでもらうべく、準備させたのです。[9]

ロザ・カルベ　どのようなセラピーを彼女がしたのか分かりませんが、その効果が惨憺たるものであったことは分かります。彼女はセラピーを始め、次に彼氏と別れ、コカインをやりはじめ、学業を放棄する……。そのときのセラピーがどのように機能したのか分かるというものです。

ジャック゠アラン・ミレール　どのようなタイプのセラピーを受けたのか分かると良いのですが。それが認知行動療法だったのかどうか知るためにもう一度彼女に会うことはできないでしょうね？（笑）

アントニ・ヴィセンス　また会ったときには、訊いてみます。

エルヴィラ・ギラーニャ　それはひょっとすると他の症例のために考慮しなければならない、一つの要素かも知れませんね。

エンリック・ベレンゲ　この完全な周期のなかで、ある点が私の注意を引きました。それは最後一つの謎で終わっていることです。「謎」という語が症例にあります……。この謎がつぎの周期につながらないのはなぜなのか、この女性にとって一つの問いとならないのはどうしてなのか、私は理解したいと思うのですが。

アントニ・ヴィセンス　彼女が一種の覆いをかぶせているのは、なぜ両親が育児のためといって彼女を祖母ピラールに預けたのかです。彼らは何をしていたのでしょうか。彼女の話では両親は金銭上の問題があって苦しい生活を送っており、大変なときだったということです。彼女は許していると言ってもいいでしょう。彼女がそれ以上何も知りたいと思っていないのは明白です。親はあまりに大変だったのです。彼女はそこまでで良しとしています。ところでこの養育の欠如の背後にある、父の謎が問題です。彼は自分の家族とどのような問題を持っていたのでしょう？　これは謎であって、彼女は何も分からないと言っています。彼女は一時父が狂ったのだと考えました。バカンスは台無しになり、父の故郷には行かないで、探求は終わりになりました。もし彼女の分析の周期が再び始まるとするなら、それらすべてが確実に重要なものになるでしょう。

エンリック・ベレンゲ　そのことは初回に何かが父の周りをめぐっていればいるほど、私には不思議に思えるのです。初回に彼女は侮辱するひとりの男、つまり夫の話をしていますし、最後の回は侮辱するまた別の男、つまり父親の話で終わっています。

アントニ・ヴィセンス　もちろんです、それは構造からきています。

ファン＝カルロス・タゼジアン　我々は迅速な治療効果の問いを概念化してこなかった、政治の圧力のおかげでそれをいまやっていると、ジャック＝アラン・ミレールは言います。フロイトはこの迅速な治療効果に「治癒への逃走」という名を与えました。[10] 私はラカンのなかではこの主題については何も見出せませんでした。初回面接の最中にときおり患者が症状が軽減したと考える場合に、我々は今までそれは「治癒への逃走」だと考えていました。ですからこれは別の仕方で迅速な治療効果を概念化することになります。政治的な圧力が我々に認識論的な飛躍を遂げさせたと考えることは、政治家たちをあまりに高位に据えることにな

9　（訳注）以前のセラピーでは、彼女をごみ（déchet）対象（＝肛門的対象の延長上にある）に同一化させたまま、セラピーが終わってしまったという意味。

10　（訳注）例えば「転移の影響のもとに、……（中略）もっぱら分析家の愛を得るためだけに、症状を消し去り、一見健康となる」「精神分析概説」津田均訳、『フロイト全集22』岩波書店、１９３８年、１０１頁。

るように、私には思われます。

ジャック＝アラン・ミレール　政治的圧力によって何かさせられることには耐えられぬなどと、どんな驕り高ぶりによってタゼジアンが言うのか、私には理解できません。私たち全員、政治的圧力のせいでフランスでの生活がここ数ヶ月間不可能であったことを、私は断言します。私たちはこういうデータを集めてきませんでした。しかし迅速な治療効果があることはよく知っていました。そのことは認めます。私たちにとっては、分析とは今もこれからも長期間に渡るものであり続けますし、その効果も副次的なものであり続けます。しかしそれを一層明らかにしなければなりません。どうなっているのかよりよく理解することができるからです。短い治療を自律的な一つの単位とみなせるか、それとも迅速な治療効果を語ることが可能なのはただ長期間という特性をもった治療のなかだけのことなのか、知ることが肝心です。

こういう治療は私の興味を引きますし、これがなんら重要でないちょっとした遊びなのだと見做されることは、望みません。構造から言ってフロイトの目には終わりのないものとされた分析ですが、彼は「治癒への逃走」について語っています。終わりのある分析を、フロイトは分析であるとは考えていません。しかしラカンは、分析は終わるという考えをはっきりと持っています。そして今日の症例は貴重です。なぜならたとえそれが一つの周期だけを問題にしているに過ぎなくても、分析経験の終わりのある性質を明らかにしているからです。私たちは何周でもやることができますが、その一周一つ一つが完全性を備えています。これは新しいテーゼでしょう。分析とはあまりにも終わりあるものであるがゆえに何回でも終わることができる、というテーゼです（笑）。また分析は終わることを好み、反復的な仕方で終わる、とも言えるでしょう。それは分析経験の後をぴったりついていきます。ある最終的な終わりというものがあり、分析は終わることを好むため、それはもう一度終わるのです。つまり分析は再び始まることを余儀なくされているということです——終わるためにです。タゼジアンに返答しようとして、私は即興で、思いつきで、話しました。

アントニ・ヴィセンス　この症例とさきの症例のあいだにある類似に注意を促しておきたいのですが、それは周期の問いにまつわるものです。二つの症例とも、なにかが書き込みの次元に属しています。最初の症例では、壁に注がれる視線が問題になっていました。その壁には死者たちの名前が記されており、朝鮮戦争やベトナム戦争、それから9月11日のマンハッタンの死者たちが書き込まれているのと似ています。あの人物[11]はほとんど脇からの視線を注いで、それが彼女ではないことを確かめていました。その人生の細糸はそのこと、書き込まれていないことに結びついていました。今回の症例では、お墓以外にも——私は祖母の名前を知ることはできませんでした——どこか似たようなものがあります。両親ともにスペイン系であることを彼女は利用して登録し（書き込み）、スペイン国籍を獲得します。父親は出自を探し求めても登録されることは決してできませんでした。彼女はと言えば、できたのです。この周期のあいだに何かが変わり、何かが固定的なあり方で書き込まれたのです。

ジャック=アラン・ミレール　生まれ故郷へ旅したときに父が見せた、激怒の謎が残っていますね。彼はとつぜん怒り出し、娘を侮辱しはじめました。これは奇妙です。このことを症例にどのように組み込んだらいいのでしょうか。なぜ彼はスペインに帰ったのでしょうか。その村を見るためでしょうか。

アントニ・ヴィセンス　アンダルシア地方が問題になっているのですから、創作できそうですね。でもガルシア・ロルカ[12]が私たちのために、それも私たちより上手に、創作してくれています。すなわちそれはいまも

11（訳注）第一章の「症例ミンナ」のこと。

12（訳注）García Lorca（1898－1936）：スペインの詩人・劇作家、『ジプシー歌集』や戯曲「血の婚礼」など。

続く根の深い憎悪と遺恨で、それらが村の暮らしをある一族の暮らし同様に構造化しています。

ジャック＝アラン・ミレール　アンダルシア人から移民たちはどう見られているのですか。良く思われていないのでしょうか。

アントニ・ヴィセンス　移住したのが父親なのか父方祖父母なのかは分かりません。でもそういう遺恨というものは父から息子に伝達されます。

ジャック＝アラン・ミレール　そして親愛なる祖母とは……。

アントニ・ヴィセンス　母方で、ガリシア人です。

ジャック＝アラン・ミレール　彼らはガリシア地方の生まれ故郷は訪れました。こちら側はすべてうまく行ったんですね？

アントニ・ヴィセンス　はい、彼らは親戚、よくあることですが、それまで知らなかった親戚やいとこたちと会ったり……。

ジャック＝アラン・ミレール　アンダルシア地方に行く前にガリシア地方に行ったんですね？

アントニ・ヴィセンス　そうです。

ジャック＝アラン・ミレール　温かく受け入れられましたか。

アントニ・ヴィセンス　いやじつに、ガリシア人は訪問者を歓待する術《すべ》を知っていることでしょうね[13]（笑）。

エルヴィラ・ギラーニャ　海の幸盛り合わせといっしょにね。

ジャック＝アラン・ミレール　父親は故郷アンダルシアの村でちゃんと迎え入れられないのを怖れていたのかも知れないと、仮定しなければなりません。探しましょう、これは調査です。

アントニ・ヴィセンス　患者をまた呼ばなくてはなりませんね。

ジャック=アラン・ミレール　あなたが聴いたところからすれば、祖母と母親の関係はどのようなものでしたか。

アントニ・ヴィセンス　面接は3回でした（笑）。あなたは多くを求めすぎです。

ジャック=アラン・ミレール　なにも小説を創ろうというのではありません。母は祖母ととても近かったというのが私の仮説です。

アントニ・ヴィセンス　それは確かにあり得ます。患者の母親が育児を祖母に任せたのは、そういう次元のなにかがあったのでしょう。

ジャック=アラン・ミレール　とても強い結びつきが。

アントニ・ヴィセンス　またべつの三角形が出てきました！

ジャック=アラン・ミレール　その通りです！　彼女は母親と結びついたままの男性と結婚して、両親の結婚の構造を反復していると想定しなくてはなりません。つまり彼女自身の母はその母、かの祖母に結びついていたので、患者の父親もまたそのことに苦しんでいたのです。夫と義母のあいだにある絆に患者が悩んでいるのと同じです。ガリシア地方に旅したとき、父親は生まれ故郷のアンダルシアに帰るのが耐えられず、娘のまえで小さくなることにも耐えられなかったのです。父親が彼女を罵ったのは、そういう理由だったのでしょう。

これは純粋な思弁です（笑）。ただ私が言いたいのは、合理的でないような父親のこの「気分の動き」は

13 （訳注）　ガリシア地方は、よそ者を受け入れるにあたって少々閉鎖的であることと、美味しい海産物が採れることで知られるという。

諸決定因をもっているに違いないということです。もし患者が治療をつづけたなら、ここが出発点になり得たでしょう。仮説の根拠となるのはわずかな情報だけです。つまりガリシア地方とアンダルシア地方の旅行の相違、それからこの非対称のせいで、父親が落ち着きを失ったことです。しかし非対称があるときには、対称性を探さなければなりません。それはたぶんトリオからなる偽のカップルの、構造的な対称性にあたるでしょう。

アントニ・ヴィセンス そうですね、この仮説は思弁的だと思うこともできますが、分析家は自分のために仮説を作ることをやめません。仮説は聴く場を規定します。この症例は仮説を立てやすいです。エディプスによって強く構造化されていますから。私たちはこの盤石な構造を信頼し、この話＝歴史の考古学を再構築するのです。

ジャック＝アラン・ミレール 最後に、彼女は自分が捕らわれていた、地獄のようなボロメオの結び目を断ち切ることに成功しました。それから夫とはどうなりましたか。

アントニ・ヴィセンス ああ！　誰かが私にハバネラ[14]（habanera）を歌うだろうということは、ちゃんと分かっていたのに！　それはゆったりとしたリズムの漁師の唄で、少しばかりバルカロール[15]に似ています。「だったら何が起こったのか言ってくれ」というハバネラがあるんですよ。このフレーズがリフレインされることで、歌詞が区切られているんです。

ジャック＝アラン・ミレール それは知らないほうが良いでしょう。これは一つの完全な話にとどまっています。彼女は結び目を感じ取り、それは解体されましたし、そのことにより3人の登場人物は解放されたのです。あなたはこれらについてサントームのセミネールのなかで言及されているということが、もうすぐ分かるでしょう[16]。

パトリシア・タッサーラ　4回目の面接についてあれこれ考えてみましたが、その面接は患者以外の人にとって謎となっている、父親にまつわるものになるでしょう。彼女は4回目の面接を求めていたようですが、来ないことに決めたようです。一方、また予約の電話をかけてくるかどうかは私たちには分かりません。もしあるなら、それはまさに父親の問いを提示するような分析に向かうオープニングにはならないでしょうか。父親はこの症例ではかなり重要で、パートナーの選択にかんする分析作業の原因を作っているような人物でもあります。

マリア・セグラ　これは半分質問で半分答えです。こういう短い出会いのなかでは反復を避けなければならないということは、私には明白に思えます。それは一つの周期で、閉じられるからです。反復が起こることは許されません。そしてもし実際にべつの周期が開かれるならば、彼女は赴くべき場所を知っているのです。

アレハンドロ・ヴェラスケス　今日《こんにち》精神分析が置かれた情勢のなかで迅速な治療効果を得ることについて、分析家の欲望というものがどう関わっているのだろうかと私は考えます。すべての症例で迅速な治療効果を得なければならないわけではないし、得ようと努力する必要もないでしょう。たぶんこの女性を呼び戻す理由はないのです。彼女は分析から旅立ちました、それだけのことです。

ジャック゠アラン・ミレール　かつてはつねにひとびとを呼び戻すことが問題でした。しかし今日では私たちは完全な、最初の周期という考えに好意的で、分析にとどまることで患者が私たちを痛めつけるままにさ

14 (訳注) 元はキューバのハバナでうまれた舞曲。
15 (訳注) ヴェネチアのゴンドラ漕ぎの舟歌。
16 (訳注) セミネールの23巻は、この症例検討会の後、2005年の3月に、フランスで出版された。

せないことが重要なのです（笑）。

カルメン・クニャート　最初の目覚めというものは終盤の父の叫びに関係はないのでしょうか。夏の旅行と目覚めのときとのあいだに偶然の一致というものはありますか。

アントニ・ヴィセンス　分かりません。周期があるということは事実ですが、周期一つ一つのなかに、小さな空白の部分が存在します。この症例では私が父の謎と呼ぶものがそれです。彼女の今後の選択によって、この部分が謎になるのかならないのかが決まります。この部分は謎となり、謎となることをやめませんから、患者はそれを一つの出来事のように記憶に留めたのでした。

第三章　症例アンドレア——十年前に離婚した40代女性

美術のほうへ　カルメン・ガリード[1]

アンドレアは40歳です。友人の女性に勧められて、コルーニャにあるシャン・フロイディアンのクリニックにやって来ました。十年前に夫と離婚しましたが、別れるのは大変でした。いま彼女には新しい恋人がいて、元夫とのあいだで起きたことを繰り返すまいと思っています。彼女はなぜあんな結婚をしたのか、そしてどうしてあんなにも苦しんだのか、自問しているところでした。

初回面談で彼女は、かくも長いあいだ耐え忍んでしまったことに狼狽しながら、元夫との関係を語ります。彼女は18歳のときに付き合いはじめ21歳で結婚を決めてパリに移りますが、夫はそこである専門を勉強しはじめます（彼は医者でした）。彼女はと言えば、美術を学んでいました。

夫は昔から大酒飲みで、しかも売春婦たちのところに足繁く通っていました。若くして結婚した彼は、性器ヘルペスを彼女に移し、彼女は死にかけます。最初ふたりは何が起こっているのかが分かりませんでした。そしてそれが分かったときは、ふたりにとってそれはまさに晴天の霹靂《へきれき》でした。彼女はどうしたらいいのか分かりませんでしたが、病気のあいだ彼女に付き添っていた母親は、状況を受け入れて結婚生活を続けるべきだと説きました。「まるでそれが私の責任であるかのように、彼女はぜったいに選択肢を与えてくれませんでした」。彼女は家と子供たちのことに専念しますが、夫は彼女のしていることを気にかけることはありませんでした。彼らは仮面夫婦で、誰もこのカップルの本当のところを想像することはできなかったでしょう。子供たちが少し大きくなると、彼女はより自由が持てるようになりました。「私は前よりも自分に自信がありました」と言います。「自分のことに気が回るようになり、前よりは自分が馬鹿じゃないと感じていました。でも、相変わらず人にあまり気に入られていないのではないかと怖れてもいました。自分はろくでもない人間なのではないかと思っていました」。

彼女は結局離婚しましたが、それは夫がお酒のせいで自滅しつつあったからでした。もう夫婦生活はなく、友人や同僚の前で彼の世話を焼いたり保護したりするためにだけ、彼女は存在していました。行き着いた先は、アルコール依存という過剰な享楽のせいで、彼が耐え難い者に変貌してしまったということでした。

この男のどこが気に入ったのかと問われて、彼女は答えます。「彼は私の正反対だったのです。彼は積極的に出るタイプで、パーティーの王[2]でした。私のほうはとても内気で、私が体験できないことを彼をとおして体験していました」。彼を知る以前に誰かと付き合ったことはあったのかという質問には、16歳のときにある男の子と付き合っていたと答えました。その彼もまた人の注目を集める男性でした。彼は薬物依存症者で、彼の方から別れを告げてきて、しかも非常に良くない形で関係が終わったとのことでした。

パーティー王の妃[3]

私が指摘したのは、彼女がパーティー王の妃でいたいように見えること、目立つために大他者を必要としているということです（実際の彼女は本当に才気煥発で、魅力的で楽しく教養もある女性です）。彼女は、いつもそ

---

1 （訳注） Carmen Garrido：ガリシア州コルーニャ在住の女性精神分析家。AMP、ELP会員。

2 （訳注） パーティー王（Le roi des fêtes）とは、パーティーで注目を集める人物、パーティーの花形のこと。

んなふうなのだ、友人たちはいつも自分より大胆で、決断することを知っていると述べました。しかし彼女が軽はずみで結婚をしたわけではないと分かりました。元夫はとても良い家柄の出で、彼女の家族からかなりいい形で受け入れられていました。それでも友人が彼女に注意を促したのは、この男性は大酒飲みの女好きであるということでした。彼女は何も見たくなかったのです。そのうえ、彼女は婚前交渉を持ちました。

「それ以降、もうほかの男性と付き合うことはできなくなりました。私はとても厳格な道徳を自分に課しているのですが、それなのに彼と寝てしまい、自分自身驚いています。彼と寝てしまったので、私は彼を罰として自分に課したのです。いつもこんなふうに物事は起こるのです。それは今の彼氏と現在生じていることでもあります。私は彼と寝ますが、オーガズムを得られません。どうしてこんなふうになるのか知りたいのです。若いときは、それは何か悪いことだと思っていたのですが、今はそうは思っていません」。

今の彼氏については、ふつうの男性で、前に付き合った人たちには似ていないとのことです。彼は離婚していて、いい人で優しく、子供好きで、酒はときどき嗜む程度の人だそうです。彼女は膣ヘルペスを持つ自分と3人の息子を受け入れてくれる男性と出会えて、とてもラッキーだったと考えています。

彼女はこの関係を秘密にしていて、子供たちが元夫といっしょにいる週末を利用して、彼氏に会いに行っています。ときどきは彼の住んでいる町に出かけますが、母親には女友達のところに行くと言っています。両親は道徳的にたいへん厳格な人たちなので、何も理解してくれないだろうと考えています。そのうえ彼女は経済的に両親に依存していて、親が所有するアパートの一室に住み、自分の家が売れるのを待っています。

彼女はこの男性と性急に事を進めようとは思っていません。彼と結婚しなければならないとは思っていなくて、この関係の行き着く先を見極めなければならないし、経済的自立を果たしたいと思っていました。

私は彼女の生育歴について問いただしました。彼女は長女で、弟と妹がいます。かなり孤独な、でも幸せな幼少時代を送りました。母親と叔母が毎日子供たちを連れて祖母のところへ行ったので、彼女は午後はいつもその兄弟やいとこたちと過ごしていました。子供たちはとても長い期間過保護に育てられました。

母親はあまりこれといった特徴のない、愛想のいい女性で、彼女は自分が母親に似ていると考えていました。

母から叔母へ

家庭では父親が仕切っていて、父は威圧的な男性でしたが、彼女はそれをふつうだと思っていました。というのも父親とはそういうものだからです。

両親は伝統的なカップルを形成していて、父は外で働き、母は家事と家族の世話をしていました。彼女は結婚前の両親の関係については何も知りません。「セックスのこともお金のこともうちでは話題にしませんでした。行儀の悪いこととされていました」。そう思い起こしながら、「でもそれは私が失敗した二つの点なのです」とも言います。クリニックに来るのは、別れた夫がなぜそこまで彼女を不安がらせるのか知るためで、経済的自立を果たして難局を切り抜けるためだったのです。

美術を学んでいると言いますが、「なぜならまさにそれで生きていくのが難しいからです。私はお金を稼ごうとは思いません。お金を稼ぐことに通じるあらゆるドアを閉ざすことにしていますが、それは自分の絵を売って生きていくためです。難しいことだと分かっていますが、私にはできるんです。弟も妹も、私もみ

3 ↗61頁。（訳注） 原文はLa reine consort。通常consortは女王の配偶者（王配）を意味し、le prince consortのように男性について用いられる。ここではその女性形となっている。

んな、美術を選びました。３人共わずかなもので食べていっているのは奇妙ですね。この経済的自立の欠如が、目下の関心事です」。

現在彼女は社会保障や元夫からの養育費で生活できているようですが、実家に戻れば子供たちともども快く受け入れてもらえるでしょう。

両親とくに母親は、娘の離婚を最後には受け入れましたが、娘の女性としての人生は終わりにして、子供たちのために尽くすべきだと考えています。しかしながら娘の方は懸命に自分の人生を変えようとしているところなのです。

彼女は話を続けて、祖母は自立した威圧的な女性で、その時代としてはたいへん教養があったと語ります。祖母は絵を描いていました。「最後まで人はそのままなのですね。生き方としては私は彼女に似ていませんが、私にとって彼女は一つの準拠になっていました。私は彼女のために美術を勉強しました」。祖母は結婚するまで絵を描いていましたが、結婚してからは夫と家族のために尽くしました。自身が望んだとおり、「ものすごく落ち着いていた」家族に囲まれながら、自分はじきに死ぬのだと知りつつ亡くなったのでした。

アンドレアの叔母は祖母に似ていました。祖母が存命のときはある種抑制を保っていたのですが、亡くなってから叔母は夫と離婚し、別の男性と暮らすために家を出て、絵を描く仕事をはじめました。それが原因で彼女の家では長いこと叔母に話しかけることはありませんでした。自分の欲望を引き受けるためにすべてを捨てて家族に立ち向かうことのできたこの叔母のことを、彼女は称賛しています。

そのように語りながら彼女が理解したのは、以下のようなことです。従順で人当たりのよい母親に自分が同一化していること、夫ができてから自立は終わってしまったけれど、理想は叔母や祖母みたいな自立した女性でいることです。彼女は夫といっしょのときは、母親の側に多くの場合位置していましたが、いまは叔母の側、欲望の女性の側に、位置することを望んでいるのです。

他にも彼女が理解したことがあります。弟と妹と彼女はみな厳格で道徳的な教育を受けたにもかかわらず、3人とも異なっていることです。弟はドイツ人女性と暮らしていて両親からはだらしない生活をしていると思われています。それでもこのカップルは実家で温かく受け入れられています。妹もやりたい放題の生活を送っていて、姉に自分と同じようにしたらと言います。でもアンドレアは母が良い目で見ないようなことをすることは全然できず、仮にそんなことをこっそりしても、あとでその代償を払うことになったものでした。

彼女は彼氏を家に来させるようになり、子供たちに紹介しました。長男の目には彼が恋人であることは明白でした。長男は母の恋人といてもくつろいでいて、でもだからと言って自分の父親に懐いていないわけでもありませんでした。彼女は以前母親といて我慢していたようなことを、今息子といて我慢したくありませんでした。

両親にも話しました。母親は気をつけるようにと言いましたが、でも父親が暗黙のうちに賛成してくれていることも分かりました。アンドレアは新しい人生を始めるという考えが父親から支持されていると感じています。父親は絵画の学校を立ち上げるために場所を探すのを手伝い、初期費用を負担してくれました。彼氏に会いにいくときに、余計な説明はもういらなくなりました。

安楽（le bien-être）[4]という過ち

最後のほうの面接で、彼女の享楽の根拠が明らかになりました。まだ若かった頃、彼女は叔母といっしょに町の貧しい界隈を訪れていました。それは社会労働と慈善のための訪問だったのですが、こんなにも恵まれた今の暮らしに自分は値しないと考え、自分の置かれた経済状況と幸福であることについて気が咎めるのでした。私は彼女に、安楽というものを一つの過ちのように生きていることを指摘しました。彼女は驚きつつもそうだと認めて、夫といたときには、貧者や社会の周辺に生きる人たち（les marginaux）にたいするのと同じことをしていたのだと考えました。

自立していて、欲望に従う女性であった叔母を理想とすることは、その裏面も持っていたのです。貧者や周辺の人に会ったり助けたりすることで得る享楽をも、それは含んでいたのです。

患者は自分の享楽に従う選択をしたのでした。周辺に生きる、堕落した男たちを選んだのです（付き合った最初の男性は薬物中毒者であり、元夫はアル中で女の尻を追いまわす男でした）。残りもの（objet-reste）という記号がついた彼らと関係を維持し、性器ヘルペスにかかることによって、彼女は自身を周辺化するに至ったというわけです。経済的な問題を乗り越えるのに必要な仕事を見つけておよそ快適に生きるということを、彼女は自分に許さないのでした。

たとえ彼女の新しいパートナーが周辺性にかんする同じ諸特徴を持たず、彼といっしょにとても気分良くいられるとしても、彼女自身は性的な享楽を感じてはいないということを考慮しなければなりません。「あなたは安楽を一つの過ちのように生きています」という分析家の解釈のあと、彼女は元夫との関係で得ていた享楽のなにかを把握することができて、人生にたいする自分の位置を変えることができたのです。主体にとってもっとも馴染みのない経験が、じつはそのもっとも親密なものだということを、彼女の示した驚きはあらためて教えてくれています。

この女性は10月にコルーニャのシャン・フロイディアンの相談機関にやってきたのでしたが、春には自分の絵画展を開き成功を収め、家を売却して絵画学校を開きました。そこには早くも生徒たちが来ています。そして夏になり、それは20回の面接を経た後のことでしたが、彼女は姿を見せなくなりました。その数ヶ月後に彼女はクリニックの秘書課に電話をしてきて、面接に来なかったことと電話をしなかったことを謝罪しました。そして彼女はとても元気でやっていると付け加えました。

【討論】

周期理論

エルヴィラ・ギラーニャ　アンドレアは新たな恋愛関係を持っていて、過去に起きたことを繰り返したくないという理由で相談にやって来ました。最初のパートナーについて、なぜ彼を選んでしまったのか、どうしてあんなにも長い期間彼のことを我慢して受け入れてしまったのかも、自問していました。分析家の二度の介入が際立っています。「あなたは輝くために他者を必要とする、パーティー王の妃です」と、「あなたは安楽を一つの過ちのように生きています」です。主体はこの二つの明確な句切りのおかげで、6、7ヶ月間で、パートナーの選択が反復に属することを理解し、欲望と享楽にたいする自分の位置がどのようなものかを、少し把握できるようになりました。

ピエール＝ジル・ゲゲン　前の症例と同様に、この症例も患者の世界がぐらつくところから始まります。それは子供たちが離れたか、もしくは成長して彼女の手を必要としなくなったときのことです。患者の母親は

4 ↗65頁。（訳注）le bien-être には以下の意味がある。①（肉体、精神の）充足感、満足感、安らぎ、快適さ、②（物質的な）ゆとり、余裕、裕福、幸福、安寧。『小学館ロベール仏和大辞典』１９８８年。

娘が是が非でも——子を持つ母であるからには——彼女をまともに扱わない夫と続けていくことを望んでいますが、彼女はその母のことばに縛られるのをやめようと決心しています。彼女はそういったものと決別するために、助けを求めてやって来ています。彼女はそんなふうに問題を提示しています。道は拓けて、彼女は分析のなかで母親にするのとはべつの、新しい同一化を発見します。それは叔母への同一化でした。アンドレ・ジッドのケースのように、欲望の母と、義務の母、つまり母親らしい母（la mère-mère）が存在します[5]（笑）。

彼女は欲望に従うことができること、叔母の道を借りられることを理解します。とは言え、この道もまた複雑で、彼女を周辺の人たちと交わらせるのでした。そしてパートナーとの関係においてや、美術を勉強する、という——生活費は稼がない——選択をすることによって、自分が周辺の人という人物像に同一化していたということに、彼女は気づいたのです。

エルヴィラが言及した二つの解釈の効果によって、患者はべつの男性と出会い、べつの種類の愛の対象選択をすることができるようになります。彼女は経済的な自立を保証する手段を見つけます。新しい男性と新しい欲望とを、両親、とりわけ母親にたいして認めさせます。治療効果は薄っぺらなものではありません。残っているのは不感症です。このように私たちは症状の変化というものに居合わせています。夫といるときにそれがどんなふうだったのかは、良く分かっていません。

カルメン・ガリード　彼は不平を言ってはいませんでした。

ピエール=ジル・ゲゲン　他の症例とはちがって、周期が終えられたということに確信はもてません。ひょっとするとべつの周期にすでに入っているかも知れません。

カルメン・ガリード　この女性は相談に来たときにはすでに離婚していました。彼女の問題は離婚ではなく、人生に新たに登場した男性とのあいだで元夫と同じことを繰り返さないということでした。なぜ元夫を選んだのか知りたいと思っていました。「夫とでは快楽を感じることができなかった」という——彼女はこともなげに言っていました——不感症に、彼女はこだわっているふうではありませんでした。関係を持つことに罪の意識を感じていて、彼氏といるときに快楽を得たいけれども、過ちを贖うために、それは得られないのです。彼女のする新しい選択は今までのとは違って、享楽よりももっと愛の側にあるものです。

ピエール=ジル・ゲゲン　欲望の叔母とその運命について、何か説明することはできますか。

カルメン・ガリード　分かっているのは、叔母は夫と子供たちと暮らしていて、夕方になるといつも祖母に会いに行く、見たところふつうの暮らしをしていたということです。この叔母は、祖母が死んだときになってはじめて、もう離婚してもいいだろうと考えました。彼女は家を出て、べつの男性と出会い、プロとして絵を描き始めます。そういったことは患者の家族からはとても良くない目で見られていて、彼女と再び口をきくようになるまで、数年かかりました。結局のところ、祖母が生きていたままであったら……私はこの祖母の家でかくも重要だった事柄に関しても自問しています。祖母は結婚する前はどんな人だったのでしょう？　夫というものは欲望への障害であるようです。夫がいないとき、妻が結ばれようとする男性というのは……。

ピエール=ジル・ゲゲン　彼女は新しい夫を自分に見つけますが、完全には夫ではありません……。

ジャック=アラン・ミレール　私は彼女を「患者」と言うべきなのか分かりません。確かに以前の彼女はそうだったでしょうが、同時にかなり断固とした考えを初めから持ってもいました。すでに最初のパートナー

5（訳注）ジャック・ラカン「ジッドの青春あるいは文字と欲求」芦原春訳、『エクリⅢ』佐々木孝次他訳、弘文堂、１９８１年。

とは別れてもいました。フロイトによれば、二度目の結婚がもっとも良いもので、最初の結婚は症状的なものだそうです。しかしながらフロイトは一度しか結婚しませんでしたが（笑）。ですからこの女性はパートナーと別れましたが、このパートナーは明らかに荒廃したパートナーでした。彼女はすでに一つの道を最初から最後まで辿りきっていました。次の男性とは物事を急いで進めようとは望んでいないし、結婚しなければならないとも思わない、それらはこの関係が自分をどこに連れていくのか見てからにしようと思っています。これは情熱が優位な愛ではありません。彼女はいま経済的な自立を望んでいます。あなたとの出会いとは無関係に、ひとりの男性に完全に自分をゆだねることはするまいという考えをあらかじめ持って、彼女はあなたに会いに来たように私には思われます。

カルメン・ガリード　そうです、繰り返さないように、以前起きたことが何だったのかを、彼女は最初から知りたがっていました。

ジャック=アラン・ミレール　彼女はうわべだけの妃であるという幻想的な考えをもはや持っていません。うわべだけの妃とは、パーティー王の隣にいて、このうわべだけの位置を占めるがために、王がパーティーですることを耐え忍ぶという対価を払わなければならない、愛された女性（l'aimée）のことです。この王はたとえば深い学識をしめす研究の王とは違い、きちんとした暮らしをしていません。これらすべては彼女があなたにした質問とは無関係に完了したようです。ではあなたは彼女の選択をどのように支持したのでしょうか。自立したいという賭けに、彼女はいかにして勝ったのでしょうか。

私は彼女が練り上げている構成（construction）が、大変示唆に富んでいると思います。母親から叔母に、モデルを移行させたのだろうという構成です。人生の第一部では母親のように生き、第二部ではべつの人物になることが彼女にとっての問題でした。この同一化対象の交代は、もしそれが治療のおかげだとすれば、大変すばらしい成功です。彼女は仕事もなくやってきて、夫をもう持たず、家をもう所有していませんから家庭の女主人というわけではありません。そして絵画学校の校長で終わっています。

ラカン派の治療以前にすべてはそこにあったと言うこともできるでしょうが、それは見かけにすぎません。というのも、最終的にそれは主体の選択となり、彼女はあなたとの転移関係を用いて、この選択を成功に変化させたからです。以上は、あなたがおっしゃることをどう私が理解したかというお話でした。

弟に関して一つ質問がでてきます。彼もまた「パーティー王」らしいのですが。パーティー王のなかに、彼女は何か弟とのあいだの近親姦的な絆を再発見したのです。

あなたの解釈が私はとても好きです。「あなたは安楽を一つの過ちのように生きています」。それまでの患者にはかなり難しいことでしたが、安楽を安楽として体験することができるような新しい世界に、あなたはこのフレーズで引き入れたのだと思います。オーガズムの問題が解決されていないと考えるのであれば、ひょっとするとあなたは彼女に苦痛を安楽として生きることすら可能にしたのかも知れません。彼女にとって叔母はかなり男性的な成功のモデルを提供しているでしょう。たぶん彼女はそれを問いたいと思わないでしょう。

いずれにしても、大部分の男性は女性的オーガズムを体験しませんし、それは自然なことでしょうが、結局それは、人間はそれがなくても生きていけるということを証明するものです。人生にはほかにもいろいろあります。彼女は本当に考えてみたいわけではなくて、ただ「彼と寝ましたがオーガズムはありません」と言っているだけです。性生活においてオーガズムを持たないということが何をあらわしているのか、彼女は言っていますか。

カルメン・ガリード　彼女は「それは関係のために払うべき代償です」と言いました。婚約者と結婚したのは、それ以前に彼と寝てしまったからであって、結婚して、この結婚を長年にわたって耐え忍ぶことで、その代償を払わなければならなかったのです。そして自分も気に入っていて思いやりのある男性といっしょにいる今は、この関係から喜びを得て、性的享楽に身を任せながらその代償を払っているに違いありません。すべてを解決した今、彼女がそのことに関心を持っているようには見えません。

ジャック＝アラン・ミレール　彼女は安楽を見出したのだと仮定しましょう。ところで安楽とは状況には依存していないものです。ずいぶん昔のこと、ウィーンで私が教えてもらったことなのですが、フロイトがある喫茶店があまりにも居心地が良いために足繁く通って、こう言ったそうです。「これは文化のなかの居心地悪さではなく、これは非文化（Unkultur）のなかの居心地の良さ[6]（安楽、le bien-être）である」と。

カルメン・ガリード　彼女がいまの彼氏と居心地良く感じるとすれば、それは彼が他の人たちと異なっているからだと、私は最後に注意を促しました。彼女は彼から性的な喜びを得ていませんが、自分でやろうとしたことに最後は到達しました。ですからすべてが解決されていないとしても、治療効果はあります。彼女は終わりにすることを選びましたが、続けることもできるでしょう。

ジャック＝アラン・ミレール　私はそういうふうには思いません。彼女はそこからラカン的な意味での一つのサントーム[7]を作ったのです。そのうえ、美術作品を制作しましたが、これはより興味深いものでしょう。彼女の芸術家としての同一化は、分析のべつの周期を辿ったり、分析家になったりすることなどよりも、たぶんもっと価値があります。彼女はいまやとてもすばらしい人物になりかけていると思います。女性たちが欠如を嘆きながら、しかし支配と統制を得たいという欲望に駆り立てられ、分析にやって来るのを私たちは目にします。分析から立ち去るとき、彼女たちはそれこそ世界のどこへでも立ち向かう、大きな力となっているものです。

オラシオ・カステ　私たちはこの考え方に慣れる必要があるでしょう。私が言っているのは今お話しにあった女性たちについてのことではなく、最初の周期というものを閉じるという事柄に関してです。症例を読んだときは、分析は失敗した、続けることができたろうにこの女性は中断してしまったのだと、考えてしまいました。

ジャック＝アラン・ミレール　この女性は分析家との関係を過渡期のように用いて、そこで人生の一部分だったある女性への同一化から、べつの女性への同一化への乗り換えを果たし、つづいて彼女は分析家との関係を脇に置いたのです。彼女は分析から一つの運命を作ることはしませんでした[8]し、ある根源的な真理の場所を作ることもしませんでした。なぜなら彼女の興味は真理にではなく、行動に、生産にあるからです。

X　彼女はそれを移行対象として使っています。

オラシオ・カステ　こう言ってよいか分かりませんが、彼女はある目的を果たすためにそれを使ったのです。

6（訳注）フロイトには「文化の中の居心地悪さ」山嶺秀樹・高田珠樹訳という論文がある。『フロイト全集20』岩波書店、２０１１年所収。

7（訳注）「症状」（symptôme）という語を元にラカンが作った語（sinthome）。「症状」は象徴的次元のものであると通常捉えられるが、サントームとは分析を推し進め、諸「症状」の消失・改善をみた後に残る、主体に特異な享楽にまつわる現実界の次元のものを指す。「純粋な」精神分析では最終的にこのような「サントーム」と主体がうまくやっていく方法を見つけることになる。本症例や第六章で用いられている「サントーム」という語は、長い分析のなかで得られたものという意味はなく、むしろ主体が自らにとって解決不可能な症状とうまくやる方法を見出しているという点に力点が置かれて用いられている。

8（訳注）原文は、faire de l'analyse un destin。分析を経て分析家になることをこのように言う。

そして一度目標に到達すると、おしまいです！　道具として使われたのです。

ジャック＝アラン・ミレール　分析家であるということは、それです。自らを道具とすること、それ以上のなにものでもありません。このことは自分の分析をしながら理解されるものです。そして私たちの技法（art）とは、偉大であるというような考えをあまり持つことなく、自分をそこで貸すことができることにあります。私たちは取るに足らない道具です。文明が私たちの周りを回ってくれたらとよく私たちは夢想しますが、それは勝手な想像です。人類の歴史の秘密とはそれが猫の利益のために作られていることだというのが、まったく訳の分からない話であると示すとおりです[9]。

ミケル・バッソル　今日扱われた考え、周期の考えは、私にはたいへん実りあるものに思われます。もしいくつかの移行が周期のようだとしたら、分析は一つの進化的な過程や一つの発達のように捉えられるべきではありません。周期が開かれるとき、そして主体にとって引き返せない点が生じ得るときが、存在します。アントニ・ヴィセンスの症例では、3回の面接での完全な一周期が問題でした。それとは反対にこの症例では、開始から周期が与えられていました。主体はすでにある選択を行ってから、ここに来ています。あたかも彼女はアントニの3回の面接の恩恵を受けていたかのようです。

分析期間の短さという考えは、実際は大変主観的なものです。もしそれを時系列的な時間の意味で説明するなら、より長かったりあるいはより短かったりすることが可能です。周期と言う言葉でならＣＰＣＴの臨床にとっても、分析がとても長く続くという考えを持たずにやってくる主体にとっても、有効であるように私は思います。ＣＰＣＴで、私たちは一周期が4ヶ月のものを提供しています。

ジャック＝アラン・ミレール　それこそ私がパリで助言したことです。私は控えめな形ではありましたが分析経験の開かれた性格、無限化の傾向にたいして反対しました。試しに、リミットを設けてみるほうに私は傾いていました。たとえば12回の面接のなかで、最初の3回はある目的を持って、次の3回はまたべつの目的を持って、などというようにです。確かにこれは分析ではないでしょう。これは区切られた一つの関係というものでしょう。よく人は終わらないものとして分析を経験していますが、それは私たちの考えではありません。私たちにとって一回の面接が終了するように、一つの分析は終了するものです。私たちは終わりのない面接とともに作業しているのではありません。現象学からくる、未規定の開け（ouverture）という考えによってときおり私たち自身汚染されています。現象学はつねに問いを開き、問いを閉じないものです。構造主義者たちはそのようにことを進めるのではありません。離散的要素が反復し、位置を変え、組み合わされるのであって、それは規定されてないものでも開けというものでもありません。

エベ・ティジオ　とても驚きました。もし私たちが一つの周期を定義できるしっかりとした概念装置を携えるなら、周期そのものも数え得るということを、討論によって学びました。私たちは3回だとか必要な回数の面接によって、一つの周期を定めることができるのです。なぜならラカンの後期の教えのおかげで、私たちはそれを数えられるからです。エディプスの彼方の装置がなければ、周期を数えることは不可能でしょう。

ジャック＝アラン・ミレール　今日の症例と討論から、私たちは周期理論のなかを進んでいくことにしましょう。ラカンのなかにこの主題についての準拠はありますが、かなり少ないです。シャン・フロイディアンでもまだ一度もこの主題を発展させたことはありません。タゼジアンはフロイトは「治癒への逃避」について語り、ラカンはその点についてなにも語らなかったと言いました。しかしながら私が思うに、ラカンは

9（訳注）原文は以下。le secret de l'histoire humaine serait qu'elle est faite pour le bénéfice des chats, serait de la bouillie pour les chats.

たとえば「治療の指針」のなかでそれに触れています。それは、治療初期の、主体による修正についてで、ドラはそれまで自分の身に起きていることの被害者だとだけ思っていたのが、自分自身がその要因であると気付くことができたというものです[10]。

ヘンリー・ミラーの作品のなかにも、主体による修正の描写が見つけられます[11]。それは、ジョイスが評していた神智学者ブラヴァツキー婦人[12]の肖像画を瞑想することで起きたものです。ミラーは妻や人生のことなどを嘆いていましたが、じつは起きていることの起源と原因は彼自身にあるのだということを理解して、彼は本当に安らぎを覚えたことでしょう。ブラヴァツキー婦人は、人は誰もがブラーマの一周期にしたがって生き、それは4兆年続くと実際に説明しています[13]。この考えはある種の異化[14]（distanciation）を生んでいます。ニーチェの永劫回帰のように、あまり良く理解できないけれども気を鎮める効果を生むものです。

人生は線状のもので、短い期間しかつづかず、次に天国か地獄が永遠につづくという考えは、皆を不安がらせるためには良くできています。この考えはそのように用いられました。私たちの世界はこの不安を扱うために精神分析を生んだのです。基礎となる考え方が周期的なものであるインドやアジアでは、ひとびとはもっと穏やかで、精神分析が根づくのにある種の困難を伴っています。

私たちはユダヤ-キリスト教の伝統によって不安にさせられていますが、これは怒りの神を用いて人の心理全体を動かすものです。今朝、激怒したひとびと、アントニ・ヴィセンスの女性患者の怒れる父や、パーティー王を私たちは見てきました。旧約聖書の祭りのなかでは、神がパーティー王です。彼は一度ならず怒りに達し、「気分の動き」に捉われます。彼は息子が磔《はりつけ》になるのをそのまま放っておきますが、儒教では息子をこんなふうに扱いません。神は愛そのものの父ですが、しかし息子は磔になり、拷問を受けるのです。これらすべての話はひとびとを不安がらせ、トラウマを負わせるのに上手く作られています。私たちの感受性はここから、愛と、恐ろしくかつ不当な苦しみと、そして救済とからなるこの話から来ています。その結果、精神分析が生まれました。よろしい、周期の理論といっしょに――フロイトの周期のことで、ブラーマの周期のことではありませんが――アジアから何かを回収するように努めましょう。

分析家として働き始めた頃、私はひとびとが分析を終わりにしようと考えながらも留まるときというものに、注意を払っていました。私はそれを螺旋《らせん》のように見ていました。同じ次元に留まっていずれ立ち去るか、もしくはあるずれが生じて螺旋が展開されるか、というふうに見ていました。

モンセラ・プュイグ　周期というタームで語ることはとても興味深いことです。それは結論のときを脱理想化しますし、とくにそのときを分類することを可能にしてくれます。今日検討した結論のときには多様性が見られますが、これは患者が分析家から作った使用法に分析家が同意しているということをあらわしています。そして周期の終わりが、開始の諸条件によってすでに与えられていたことを意味しています。私たちはこのようにしてブリーフ・セラピーについて問いの核心に導かれました。開始時に、どこから周期に入った

10（訳注）J. Lacan, «Direction de la cure…», in *Écris*, op.cit., p.596「治療の指導とその能力の諸原則」前掲、『エクリⅢ』19頁。

11（訳注）このことはサントームのセミネールにつけられた補遺のなかで、ジャック＝アラン・ミレールによって説明されている。J. Lacan, *Le Séminaire XXIII Le sinthome*, Paris, Seuil, 2005, p.229.

12（訳注）Helena Petrovna Blavatsky（1831–1891）：神智学協会の設立者のひとりで、晩年は輪廻転生論を取り入れ「シークレット・ドクトリン」を著した。

13（訳注）彼女の思想についての説明が、サントームの補遺でなされている。*Ibid.*, p.230.

14（訳注）言語学者シクロフスキーが最初に使った概念で、ありふれて見えるものがじつは見慣れない、異常なものであることを認識させること。

と、計算することができるのか。私たちがまだ知らないでいるけれども計算を要求する何かが展開されるためには、閉じることと無限に開いたままにすることのあいだには、どこまで弁証法と連関とが存在するのか。

ジャック＝アラン・ミレール　パリ、バルセロナ、その他の場所で開設された施設のなかで、私たちの使命はこの最初の周期——これは短いものであり得ます——の最後まで、主体を導くことにあると考えられます。そのとき問われるのは、この最初の周期をどう定義するかです。もし私たちが公理を使って定義するならば、最初の公理はこれです。「かならず最初の周期が存在する」。

公理の注解——スピノザのように語ることにしましょう、注解とは公理の注釈のことです——「最初の周期は短いものであり得る」。それが計算できるかどうかという点については、討論にあがった諸症例が示しているように、事後的に計算ができると言っておきましょう。そこから二番目の注解が導かれます。「それは完全に計算できる」、そして三番目の注解は「しかしただ事後的にである」。いつでももっとも確かなのは、事後に予測をつくることです。それも難しいことですが、知的なエクササイズにある種の確かさを与えるものです。

あなたが症例のために選んだ題名「美術のほうへ」について、気付いたことがあります。この題名は昇華を強調しており、この症例が分析者の話というよりも画家の話であることを強調しています。分析家と関わることが画家になる一ステップであるというわけで、これはとても良いことです。分析が分析家になるための手段でしかない場合は、私たちは何も見ることができません。なぜならみなとても長いこと、分析に留まるからです。人は分析家になりますが、それは知を想定された主体にたいして分析者として留まるという条件つきのことであり、途端に、すべてが消え去るのです。[15] これは情熱的な人生を生むものではありません。いずれにせよ狂気のエピソードを経る画家の人生だとか、分析のエピソードのあとその目的、その結論、つまり生産や活動へむかう、ひとりの画家の女性の人生以上に情熱的なものではないでしょう。こういったすべてが題名を正当化しますが、あなたはべつの題名も選べたかも知れません。「パーティー王の妃」という、あなたが使っている表現のほうです。

しかしながらこの言葉が本当にふさわしいかは分かりません。なぜなら彼女はパーティー王の連れ合いでもあるからです。「パーティー王の妃」は王の隣にいるにもかかわらず、本当には妃ではないということを意味しています。「パーティー王の妃」はむしろ貴賤相婚の花嫁なのです。マントノン夫人[16]のような、また未来の国王であろう――あろうと言うのは、健康そのもののエリザベス女王が絶対に退位しないと宣言したからです――チャールズ皇太子のそばにいる、カミラ・パーカー[17]のような人のことです。

15 (訳注) ある人が分析者から分析家になるということは、以降、知を想定された主体として分析者から見做される役割を引き受けることを意味する。しかし知であるような主体とは、本当は分析者自身の無意識であるわけだから、その意味で人はどんな状況であれ、知を想定された主体にたいして分析者の位置に留まると言える。そして分析者が分析家になるとき、それまでの転移が消え去る体験をする。

16 (訳注) Françoise d'Aubigné, Marquise de Maintenon (1635–1719)：ルイ14世の妻。貴賤結婚であったため王妃とは呼ばれなかった。

17 (訳注) Camilla, Duchess of Cornwall (1947–)：ダイアナ妃が事故死した後、チャールズ皇太子の後妻となった。チャールズが将来国王になった場合も、王后 (Queen) ではなく、王配 (Princess Consort) の称号を名乗ると言われている。

第四章　症例ペドロ——愛と欲望のあいだで女性を選べない30代男性

これはブリーフ・セラピーの一つではない　ルシア・ダンヘロ[1]

ブリーフ・セラピーの心理療法の実践において、技法理論が準拠する図式の主要部分は、30年以上も前から維持されているように思われます。[2]若干の修正があったとしても、それは理論や臨床に関してというよりいわゆる治療技法に関するものです。その実践においては「焦点（focus）」の概念が中心的な位置を占め、焦点は多くの場合、来談の動機によって――つまり患者を心配させている症状や危機的状況、代償不全によって――定められます。この動機には、ある核となる激しい葛藤が密接に結びついて隠されているのが常に見てとれます。このように定められた焦点は、ある特定の状況に組み込まれます。論者らによれば、「状況（situation）」という概念――これは患者の実存に関わる将来的展望[3]をまとめているものです――が、症例にたいしてどう治療的に関わるのかを決めうる、一つのモデルを提供することを可能にしています。

患者がより熱心に面接に取り組むようになる前に、その治療者は焦点を推論しなければなりません。焦点は治療のあいだに変わり得ます。しかしながら心理療法が短期のものであれば、焦点がただ一つの状況に関わることがもっとも多く、出発点の構造的なモデルが立脚する状況に応じて、そのプロセスは進行していきます。治療者は積極的であり、患者の問題提起の探求と理解を、あらゆる手段を使って助けるものと見做されています。彼は多くの技法手段を携えています。たとえば自分が理解したことを明快かつシンプルに伝えて、患者を安心させることです。また患者に温かい支持を表明して（身振りと声のトーンによって）自然な感じで振る舞うことで、自由と創造性、そして容認の雰囲気を作りだします。治療者は治療プロセスに刺激をあたえる目的で、積極的な役割を率先してこなします。治療目的を正当化し明快にするために、教育的役割を引き受けることなどもします。

根本的に、このブリーフ・セラピー論者らにとって暗黙となっている治療戦略とは、患者に対して、自身が反復していることを忘れるために、別の仕方で反復することを許可することにあります。治療者は治療的な絆を尊重し、技法上は柔軟にかまえ、この戦略の弁証法に適応できなければなりません。個人的特徴が透けて見えることを躊躇してはならず、それは技法の一部でさえあります。

ブリーフ・セラピーのこの中心的構想の諸変奏の彼方で、どのような違いが精神分析とブリーフ・セラピーとを分けているのでしょうか。彼らは、精神分析をほかのものと似たような心理療法のうちの一つとして、幅広く分岐している枝のうちの一本のように最初から定義しています。これはラカンがつねに一つの一種独特な（sui generis）セラピーとして精神分析を考えていたのとは反対の、IPAの考え方です。結局のところ両者の違いは転移と解釈の概念に関わっているように私には思えます（ブリーフ・セラピーの諸構想にはなじまない分析的行為についてはお話ししません）。

彼らがいかに精神分析から遠ざかっていようとも、議論されるに値します。というのは臨床的・倫理的更新――それが今私たちの実践を導いています――をラカンが練り上げた際には、しばしば彼らの仕事を標的

1 （訳注） Lucia D'Angelo：バルセロナ在住女性精神分析家。AMP、ELP、EOL（アルゼンチン）、SLP（イタリア）会員。
2 （原注） Fiorini, Héctor J., *Teoría y técnica de psicoterapias*, Buenos Aires, Ediciones Nueva visión, 1973.
3 （訳注） 患者が将来やりたいと思っていることや、人生に期待していることなどを指す。

にしていたからです。

彼らによれば、分析の治療状況は、ブリーフ・セラピーと比較して多様な角度から特徴づけられるものです。長い治療期間――短期間ではないこと、寝椅子の使用――対面方式ではないこと、沈黙の扱い――治療者が対話に巻き込まれないこと、などです。これに加えて、分析的治療で分析家はある種控えめに振る舞いますが、これは治療者が患者に個人的な関わりを持つこととは対立するものです。最後にこれらすべての分析的治療の構成物は、面接の初期に確立されていなければなりません。それによって分析態勢[4]と呼ばれるものの範囲が明確に定められるのです。

ブリーフ・セラピーは精神分析とは逆で、その主要な道具として解釈も転移も用いません。その理由を考えてみましょう。精神分析では転移の解釈――これは認められた技法です――が複雑で補完的な治療関係を作りだし、それによって患者の激しい両価的感情を動かす可能性がありますが、ブリーフ・セラピーではいま・ここでの転移の理解が問題となります。この理解が診断と予後についての代替不可能な機能を持っていて、患者の個人的な話＝歴史を理解するのにうってつけの手引きを作り上げています。

この区別は説明的疾病原因論のモデル――精神分析――を、操作的な治療モデル――ブリーフ・セラピー――によって一般化したいという誘惑に対して、実践家たちを用心させるものです。このような一般化は頻繁にみられますが、首尾一貫性を欠いた技法手段の利用として告発されています。

このように、精神分析において転移の分析が治療戦略の中心を構成するのにたいし、ブリーフ・セラピーにおいて転移はあるべつの戦略に役立つような、戦術上の一手段でしかありません。この戦略というのは、退行あるいは転移関係の練り上げを用いながら、変化を生み出すことに存するわけではありません。ブリーフ・セラピーでは、転移は戦術的な技法手段の性質を保持していなければなりません。患者の進化に応じて、言い換えれば症状の軽減が生じてべつの治療的介入に助けを求めることが可能になり次第、転移は漸進的に減っていくようなものとされているのです。

「ブリーフ・セラピー」を経由したこの回り道のおかげで、私たちの方向性と実践において定式化すべき「迅速な治療効果」と、ブリーフ・セラピーの効果とが、区別できるようになりました。

最初の迅速な治療効果

与えられた時間に限界があるため、先に言及したブリーフ・セラピー論者らの治療構想について、ここで批判を網羅することはできません。ラカンによれば、分析運動のなかでフロイト的実践から逸脱することで生じた荒廃に、彼らは手を貸したことになります。ここに一つの症例があり、これは治療のために応用されたラカン派精神分析の厳密な枠内で実践されたものです。この症例は、ブリーフ・セラピーと、一つの迅速な治療効果との違いがどこにあるのかを、はっきりと示してくれるでしょう。前者ブリーフ・セラピーは、症状の変化もしくは場合によってはその消滅を奨励します。これにたいし後者のラカン派精神分析は、主体の症状に結び付いた享楽を減らし、新たな周期を始動させることを治療の指針としています。

AMP会長が最近定式化した精神分析実践原理の一つ[5]が思い出させてくれたのは、ラカンにとって「技法

4 （訳注）Dispositif は態勢、仕掛け。場所・時間・料金の設定、分析家の存在など、それがあってはじめて分析が可能となるような、分析状況を構成するものを指す。

5 （訳注）「精神分析的行為の指導原理」。精神分析の実践や分析家の養成などに関する八つの原理が挙げられている。《Principes directeurs de L'acte psychanalytique》, 〈http://www.causefreudienne.net/principes-directeurs-de-lacte-psychanalytique/〉

理論」は存在しない、ということでした。転移は一つの技法手段であるわけではなく、治療の指針ばかりか精神分析そのものを打ち立てるものです。そういう理由により今から検討する症例では、ブリーフ・セラピーへの共鳴が認められはするものの、ブリーフ・セラピーの構想を適用することはありません。

私はこの症例における二つの臨床的な時点を取り上げようと思います。これらの時点は迅速な治療効果が生じているときですが、二つの時点のあいだには一年間の中断が存在しました。すべては短期間で生じていますが、しかし二つの時点は同じ構造に対応するものではありません。

とても不安の強い30代の若い男性の症例です。彼は短期間で自身の難題を解決しなければなりませんでした。それは彼には解決不可能だと思われていました。というのは、自分の抱える厄介な事柄をある断固とした欲望によって解決に導くという習慣が、彼にはなかったからです。しかし仕事だけは例外で、幼少期に選んだ芸術活動に従事し、今日では大成功をおさめていました。

彼の問題意識は強迫神経症の一症例として古典的なものだと形容できるでしょう。ふたりの女性、彼が愛しているが欲望してはいない女性と、彼が欲望しているが愛しているかは分からない女性とのあいだで、彼は選択をしなければなりませんでした。彼が愛する女性は彼の人生に秩序をもたらすでしょうが、芸術活動が保証する剰余享楽[6]（plus-de-jouir）から得ている、孤独でだらしなくいられることの心地よさを、深刻に脅かすものでもありました。この考えは、彼を死ぬほど苦しめました。それとは逆に、彼が欲望する女性は、彼にインスピレーションを与え、活力を与えてくれました。それでも彼女がひどく彼の精神を乱すこともありました。なぜなら彼女は欲望の変遷というものに彼を対峙させたり、症状の享楽のなかで彼を動揺させたりすることもあったからです。

およそ4ヶ月にわたる面接のあいだ、患者は自分の幻想を広げて見せました。分析家の介入は、不安により引き裂かれた、諸症状の幻想的な網目を正当化し再び組み直すことを狙いとするものでした。
　倫理なき臨床が存在しないとすれば、それは症状の幻想的次元が分析家への転移を含んでいるからです。彼の症状の一つは芸術活動で、もう一つは女性問題でしたが――この二つは断固とした欲望 対 欲望にかんする優柔不断という形になっています――これは彼の位置の二重性がそれを裏づけているように、幻想の同じ構造に対応するものです。断固とした欲望とは彼が保持しておきたい一つの症状のことですが、それは女性の選択における優柔不断よりももっと、大切に保持したい症状でした。

　このように、主体はほとんど外科的な正確さを持って自分の二つの症状を区別していました。彼はかなり早い段階で、自分の幻想における対となる女性の位置を確認し、一つの選択に身をさらしていることに同意しました。愛してはいるが欲してはいない女性は、彼にとって、父親――超自我のまぎれもない人物像――の、死に至らしめるような欲望を体現していることに彼は気がつきます。ラカンが私たちに示すように、彼女は彼にとって一つの〈父の名〉（un Nom-du-Père）だったのです。[7] 幻想の場面に接近したおかげで――それを現実界の真の閃光のように彼は体験したのですが――、彼の不安は鎮まりました。それで彼は欲望を活性化してくれる女性のほうを選択し、職業上の旅行に出るため治療を中断しました。

　旅行は数ヶ月に及んだと思いますが、私は彼が帰ってくると再び分析をするよう促しました。結局一年経ってからやっと彼は戻ってきました。この最初の期間に得られた治療効果は不安の軽減にあり、そのおかげで彼は欲望の道に従って人生に乗りだすことができたのだと、私は考えています。

6 （訳注） 後期のラカンが対象aにたいして与えた概念。ここでは芸術活動に付随する享楽の意味。

7 （訳注） J. Lacan, «Préface à *l'Éveil du printemps*», in *Autres écrits*, Paris, Seuil, 2001, p.563.

このように症状と幻想とは相互依存関係にあることから、女性たちにたいする優柔不断という彼の症状がその利得の供給をやめるのには、幻想の骨格に触れるだけで充分でした。このあいだ、彼が断固として保持しようとした症状には手をつけないままでした。いやもっと正確に言うならば、彼の享楽の個別的な様態に関わる根本的な症状の治療は、上手いやり方で、つまり大変如才なく、職業上の症状にすでに触れてしまっていたのです。

二つ目の迅速な治療効果

一年後に戻ってきた彼は、こう言ってよければ前回よりももっと不安に満ちた状態でした。今回、絶望的で不安げな彼の訴えは身体症状に関わることで、それは彼のからだを、それもとりわけ彼の芸術活動に必要不可欠な眼を、深刻に危険な状態にさらしていました。医師たちは実際に「局所性（フォーカル）ジストニア[8]」という診断を下しており、少なくとも一年は活動を控えるよう強く勧めていました。主治医は何が何でも既存の多様な装置のなかに彼を閉じ込めようとしていましたが、それは芸術家やスポーツ選手で局所性ジストニアに苦しむ彼のような者を医療の「利用者」に変えて、その医療の普及拡大をはかるためなのです。彼にとってそれは真の死の機械というものであり、彼が渇望するものすべてを死に至らしめ破壊する大他者を、体現するものでした。

分析的療法と医学的療法を区別するフロイトの原則を熟知している分析家は、「局所性ジストニア」というシニフィアンに留意し、彼に問いかけます。「なぜ今、人生のこのときに、あなたはこの症状を生み出したのでしょう？」。

ことの重大さからすると不適切に思える質問に分析者は狼狽しましたが、答えようと努力して、一連の諸要素を——偶発的なものであれそうでないものであれ——語ることに同意しました。そしてこれが、症状の持つ享楽の、この凶暴な変調を説明してくれました。この症状は彼が保持したかったものであり、それが「治療される」ことを彼は望んでいなかったのでした。

彼はじつは自分が欲望している女性を振ってすでに別れていたのですが、それはこの女性がほかの女性たちと同様、彼女を取るか芸術活動を取るか、選択を迫ったときだったということがこのとき明らかになりました。

そのうえとてもタイミングの悪いことに、彼は現実に父親になるということにも直面していて、まだ自分にその準備ができているとは感じられなかったのでした。早急に決断しなければならない状況に直面させられて、彼は妻の要求をかわすべく狂ったように自分の仕事に打ち込み、全生涯追い求めてきた芸術活動における目標に、今まさに到達しようとしているところだったのです。

ところがまさにこのとき、局所性ジストニアが出現し、彼の仕事は仕上げに至らず、医師から一年間すべての活動から遠ざかるように言い渡されたのでした。彼はすぐにこう問いました。「僕はいま活動をあきらめて、すべてのことから遠ざからなければなりませんか」。分析家は答えます、「どんな仕方であれそんなことはありません。分析のなかでそれについて積極的に関わらなければなりません」。数回の面接のあと、症状は消えてしまいました。

ここで問題になっているのはまさに迅速な治療効果で、そのおかげで彼はあんなにも望んでいた目標に到達することができました。以前のものにもまして迅速に得られたこの治療効果は、しかしながら同じ構造に

8（訳注） dystonie focal. ジストニアとは身体部位の不随意な持続的筋収縮のこと。眼瞼痙攣や痙性斜頸、書痙などがある。

対応しているのではありません。

じっさい明らかになったのは、一つの症状のように現れていたもの、つまり彼の仕事――もう一つの症状からは明らかに隔絶していて、かつ分析者が外科的に残りのものから分離しようとしていたもの――は、主体による父親への根本的な同一化を含み、ただあるひとりの女性だけが緩和することができたものでした。この父親自身、ひどく傷ついた、かつ引っ込み思案な人で、主体にとっては想像的次元において死んでいる父親でした。主体は生まれつきその印を持っていました。この父親はじっさい、ペドロは死産になると考えていました。

ここで得られた治療効果は以前のものと違います。というのは解釈に関連づけられてはいますが欲望の真理に触れているからです。以前のものは転移関係も幻想に触れていた解釈も、欲望の真理に触れるには充分ではありませんでした。なぜなら主体は幻想が書き込まれている想像的なスクリーンに覆いをかぶせることに熱心だったため、真の分析的症状というものが日の目を見ないでいたからです。実のところ、分析的症状そのもの、主体の欲望のもっとも個別的なものを構成するそれは、自らの欲望のなかで作用している大他者による破壊を背景として、[9]主体が自分の死に照準を定めていることを想定させるものです。[10]

そういう理由で大他者が去勢を望んでいるという信念との関連で言えば、この主体がじっさいに分析に入ったのはこの第二のとき以降であると考えられます。二つ目の変化はしかしながら治療初期に生じた付随的な治療効果を超えるものです。この分析は五年前から続いていますが、主体の旅行に合わせて3、4ヶ月ごとに中断が起こります。そして戻ってくると、幻想の構築に再び取り組むことに同意します。

この症例では、ブリーフ・セラピーではなく迅速な治療効果について語ることが正当化されます。なぜなら転移と解釈はどんな場合であれ技法手段といったものではないからです。あらゆるラカン的治療指針において言えることですが、この二つは症状形成とその焦点化を可能とする条件そのものなのです。

補足――この分析治療の特殊な様態は、ジャック゠アラン・ミレールが先の議論のなかで提案したような、周期の考えを適用するのが有効であるかも知れない。ただ別の解明があり得るため、その適用についてはここでは保留にしておく。

【討論】新たな周期のはじまり

オラシオ・カステ　ジャック゠アラン・ミレールが昨日導入した周期の考え――それは「ゼロ面接のセラピー」といった冗談の形でさえありましたが――は、私たちの物事の思考方法を変えるものです。しかしながら発表者たちの頭のなかにはそれがすでにあったかのように、ことが運ばれています。同じことが今朝私たちがコメントをしたテキストの発表者たちにも当てはまります。こういった短期間の介入における応用精神分析の治療の特殊性を問いたいのですが、それは他のタイプの精神療法的介入、もしくは精神療法的ですらないような介入によっても、こういった効果は生じ得るからです。なにがしかの出会いが症状緩和の効果

9（訳注）原文は曖昧で、「大他者の破壊を背景として」とも読める。

10（原注）Serge Cottet, «Latéralité de l'effet thérapeutique en psychanalyse»（「精神分析における治療効果の側性」）, *Mental*, n°. 10, p.38.

を生んだり、一つの決心を可能にしたり、症状の進行を止めたりすることはあり得ないものでしょうか。ですから私は精神分析の特殊性とは何かを問いたいと思います。

二つの中心的な問いが扱われております。転移と解釈の利用のことで、精神療法的手段の技法的要素のようなものではなくて、精神分析家による行為の基礎としてのものであります。ルシア・ダンヘロの症例では、一年の休憩をはさんだ二つの治療の時点によって転移関係の取り扱いを説明していて、解釈のおかげでどのようにこの患者が分析に入ることができたかを見せてくれています。彼はある決心をすることができ、機能上の不能を生んでいた制止の症状を解決し、しかも新たな周期を始めることができました。治療は「最初の周期」で終了することもできたでしょうが、この症例では新たな周期を始めるのに治療は役立ちました。

ルシア・ダンヘロ　まずはじめに言いたいのは、ブリーフ・セラピーと迅速な治療効果と私たちが呼んでいるものとの区別を導入として話し、またその違いを定式化したら良いだろうと、私が判断した理由です。少しばかり肉づけを欠いてしまう危険を冒してでも、この違いの骨子を大雑把に描くことにしました。それはその説明にはこの症例がとても合っていると思ったからです。

またこの症例の二番目の症状――局所性ジストニア――「テニスプレーヤーの病気」とも医者たちは呼んでいます――についてと、私が行った（「どんな仕方であれ」という決まり文句を用いながら）かなり迂回した介入とを、解明したいと思いました。なぜならたった一週間のあいだに、その症状が医療対象とされて終わるべく作られたあらゆるものに、患者は従ってしまったからです。それは局所性ジストニアの患者団体の人が彼に電話して、その団体の電話番号を教え、会員になるよう呼びかけたほどだったのです。

患者は大変驚いていましたが、私のほうがもっと驚きました！　あの「どんな仕方であれ」を発したときの婉曲的表現をきちんとお伝えすることができたかどうかは分かりませんが、それは患者が医療的強制から少しばかり距離を取るのに必要なことでした。私は介入する必要があったのです。

さらに付け加えるなら、もし症例にいま題名をつけるとすれば、「ある周期的な分析」を選ぶでしょう。症例が治療に先行する諸要素で終わっているからです。つまり分析への入り口が生じています。さらに注意を促しておきたいのは、この症例での分析態勢は、患者の個別性を鑑みて作られたものです。彼はバルセロナには年に3、4ヶ月生活しているだけで、残りはヨーロッパ中を駆け回っています。

最初の症状は一年のあいだに解決をみました。とは言え二番目の症状の迅速な治癒の効果は、ずば抜けています。二番目の症状はたった6回の面接で消えてしまったのですから。その結果患者は分析との関係を維持するようになったのですが、しかしこの分析は周期によって、続けられているのです。私はどうしてなのかとよく自問しました。たぶん分析態勢のもたらした結果ではないでしょうか。患者はモノグラフのような諸主題を次々に持ってきたのですから。女性の選択についての主題と、局所性ジストニアの主題があります。父親になることの主題は3ヶ月間話題を独占していて、その年の残りの期間、分析はお休みでした。彼は自分が症状のモノグラフ的な主題を持ってくることをとても良く理解していますが、しかしながらこの分析には一つの連続性があって、それは幻想の基礎が構築されていくということです。倫理的な理由から私は患者の職業を秘めたままにしなければなりません。ただ彼は世界的な成功を収めていると申し上げることはできます。

ジャック=アラン・ミレール　25歳にして？

ルシア・ダンヘロ　その芸術分野で、彼は子供のときから認められていました。今日では五年にわたる分析の諸周期を経て彼は30歳になります。長年動き回ってきたおかげで彼は両親から離れることができています。この患者は死んだふりをしていることのほか、強迫神経症のあらゆる特徴を呈していて、それについては私には疑いの余地はありません。彼の父親は死んだふりをすることに飽き足らず、死者であり[11]、公証人として職業を営んでいます。つねに死の観念とともにいる、完全にメランコリーで恐怖症の父親です。また一種の自閉の時期もあります。実家とそこでの彼専用の空間とが、彼の隠れ場となっています。彼は妻と離れて暮らし、鳥の世話をしています。

ピエール＝ジル・ゲゲン　この症例は分析の二つの周期にまつわるものだと、私も思いました。ルシアに質問したいのですが、それは分析的形式のなかでの症状について、症例の最後にあなたが提示しているテーゼのことです。「主体の欲望のなかで自らの場を見いだしている大他者による破壊を背景として」主体が自分自身を殺害しようとする傾向があるとのことです。ここで問題となっているのは神経症的信念で、大他者が主体の去勢を望んでいると主体が考えているということなのですが、この点は詳説するに値します。私には最初の周期と二番目の周期との違いと、二つの時点に介入したやり方を、より明確に捉えるべきだと思われます。

ルシア・ダンヘロ　二番目の症状については、完全に明白です。医療は彼の死を要求する、あの大他者を体現する役目を負っています。大他者からやって来るものによって完全に痛めつけられ恐れおののいている主体の位置を見るだけで、それは充分に理解できます。

ピエール＝ジル・ゲゲン　そうです、そのうえそれは現実界から彼を守っていて、かつ昇華でもあるような症状です。

ルシア・ダンヘロ　そのとおりです。私が興味深く思うのは、最初の周期で彼は、どういう点で自らの去勢を与えないのかを、正確に知っているということです。彼はその決断をしました。彼は自分が治りたくはないと思う症状がどんなものなのかを知っていて、それは芸術系の創作活動でした。彼はそれを大変上手に保持し続けます。女性の選択のことで動揺しているときですらそうでした。

最初の周期では、解釈――主体はこれに驚いていましたが――は女性にたいする二つの位置を区別することにあり、これは以前の彼には明らかではなかったことでした。解釈は彼にじっさい一種のスクリーンのようなものを提供していて、そのスクリーン上で自分の選択を完全に理解することができました。もし彼が欲望する女性を選ぶのなら、このことが――これが彼をクリエーターにし、かつこれを彼は守り抜いてきました――彼に影響を与えることはないに違いないのです。

彼が愛する女性のほうは弁護士でした。彼女との関係は無秩序――彼の剰余享楽、彼の芸術の規律に従うという意味での無秩序ですが――に秩序をもたらす、一つの試みであることを意味しています。最初彼はひとりで暮らしていました。その後再びひとりになり、すべてが元に戻ったのが分かったのでした。「あなたが愛しているが欲望していない女性が存在しています」と彼に言うことは、確かに効果がありました。彼は欲望を選んだのです。いっぽう愛の女性は禁欲[12]という特徴を持っていましたが、それは彼女の職業と父親の職業との類似によるものでした。

公証人という役割とその機能は、私をいつも夢中にさせました。公証人は大他者が真理を述べているということを証言するだけで、それ以上の何もしないものです。公証人は法律について何も知らなくても、契約

11 （訳注）公証人という職業が象徴的次元に深く関わるものであるため、ペドロの父親について「死者である」と説明しているのであろう。

12 （訳注）mortificationが原語。本章ではこの語とその動詞形・形容詞形が頻出する。この箇所では「愛」の女性か「欲望」の女性かという対比が問題となっていることもあり、「禁欲」と訳した。101頁の訳注16も参照のこと。

にサインをさせたりその正当性を認めたりすることに生涯を費やすのです。

欲望の女性、一瞥するだけで彼にインスピレーションを与えた女性について言えば、彼女もまた芸術家でした。彼と同じ芸術に携わっている芸術家ではないのですが、彼女も芸術家です。もちろんこれらすべては一時しか続きませんでした。と言うのは、なるほど仕事のせいで相当頻繁に彼と離れて暮らすことをこの女性が承諾したとしても、じきにそれ以上のものを彼女は要求しだしたからです。もっと時間を、もっと……という具合に。そのせいで患者はとても慎重に、彼女の真実の姿を見極めることにしました。つまり彼女もひとりの女性なのだということです。そして彼女は手荒な反撃をこうむることになったのです。一体どうやってこの男性の子供を授かることができると言うのでしょうか。彼と言えばそのすべての時間を使って、昇華による子供たちを望み、それらを生み出してきたというのに？

第二の周期に結びついた驚きが生じたのはここに至ってのことでした。私が行為として体現しなければならなかった「どんな仕方であれ」という解釈によって、それは不意に生じました。もしそれ以上のことを私が言うべきだったとしたら、「あなたは現に生きていて、私もまた生きています。医療の大他者は私たちに死刑宣告することはありません」と言えたでしょう。なぜなら、それは本当に一つの死刑宣告だったからです。局所性ジストニア患者団体への帰属によって得られるものは、フィットネスクラブと契約できるほかは何もありませんでした。

私はみなさんに一種の内輪ネタ（private joke）を披露しようと思います。私は「局所性《フォーカル》ジストニア」というシニフィアンによって「ブリーフ焦点づけ《フォーカル》セラピー」を思いついたのです。そしてこれは30年前にＩＰＡで研修を受けた人たちにとっては、私たちの同僚だった、フィオリーニを確かに思い出させるものです。彼はブリーフ・セラピーについて書いていましたが、公的援助機関で適用可能な、より短期間でより安価な、さらには最大限多数の患者を扱い得るセラピーに、作り変えようとしていました。

ピエール＝ジル・ゲゲン　この患者は「モノグラフ」をいくつか持ってくることによって焦点づけをすることを、自ら引き受けています。

ルシア・ダンヘロ　そのとおりです。この男性のなかでこんなふうに無意識が機能するのが見えること、こちらから頼まなくても無意識が各主題を私に運んでくるのを見るのは、すばらしいことです。何か症例を出すように提案されたとき、私は「モノグラフの症例があります」と答えました。すべてを書く時間はありませんでしたが、「フィオリーニが言うすべてを適用できるな」と思っていました。アルゼンチンで30年前彼の仕事はブームになり、スペインでも精神科や病院で用いられたと聞いています。それが今現在も用いられているのか知るために私はエチゴエン[13]の本を探しに行きました。でも見つかりませんでした。しかしながら彼の仕事は今なお適用され、今でも転移と解釈は技法手段だとみなされていると思います。ブリーフ・セラピーの指示に照らしつつ私の症例を読むことは、とても楽しいことでした。転移と解釈は私にとっては別物なのですから。フィオリーニの本は興味深いままですが、それはたくさんの症例を紹介しているからです。それは決疑論的な本で、私の症例もその一部となり得るかも知れません。

最初の段階は4ヶ月続き、次の症状は6回の面接で解決しました。本当に驚きです！　こんなに目を見張るような効果を、分析家は期待することができるのです。

13（訳注）Horacio Etchegoyen（1919–2016）：アルゼンチン人精神分析家でＩＰＡ会長も務めた。著書には *The Fundamentals of Psychoanalytic Technique*（1991）ほか、ジャック＝アラン・ミレールとの対談本 *Silence brisé*（『破られた沈黙』）, Agalma diffusion Seuil, 1996がある。

オラシオ・カステ　焦点づけセラピーはタヴィストック・クリニックで用いられています。フィオリーニが最初だったのでしょうか。

ルシア・ダンヘロ　いいえ。彼はイギリス学派全体を引用しています。

ピエール＝ジル・ゲゲン　数年前、ジャン＝ピエール・オリエ監修のうつ病に関する精神医学の本[14]に、私も論文を寄せました。その本では各自、自分の治療方法を紹介していました。IPAの見解が示される箇所では、多くのページが焦点づけセラピーに割かれていました。実際に彼らが使っているのかどうかは分かりませんが、IPAにとり、とりわけ制度のなかで、焦点づけセラピーは大変重要な準拠になっているようです。

ジャック＝アラン・ミレール　それは最小限の形式化であり、状況を素早く把握する目的で単純化された一つの手引きです。それ自体、忌避すべきものは何もありませんが、これには一般化された技法化が伴っています。反対に、ラカンの形式化は、実践においていかなる自動性（automatisme）も許可しないものです。ラカンのものは複雑であり、その複雑性は機械化とは対立するものです。

ピエール＝ジル・ゲゲン　そうです、ルシアはそれを大変よく示しています。そういう焦点づけセラピーは、現象学的な準拠の枠内で構成されています。いま・ここで（hic et nunc）が問題であり、状況、了解が問題となっています。端的に言えば彼らは症状に焦点づけするのですが、それはシニフィアンがあらゆる方向に――彼らによると、野蛮に――飛び出すのを防ぐためなのです。ところで私たちのほうでは、自由連想がそれ自体で享楽をめぐって焦点づけをするということが、確かめられています。

ジャック＝アラン・ミレール　焦点づけがなされる核心とは、対象a[15]以外のなにものでもありません。一方ブリーフ・セラピー論者は、要求の水準にとどまっていると思われます。彼らは要求、治癒の要求と、症状とを、直接的に結び付けようと試みています。彼らはこれら二つの点のあいだで現れるものすべてを、括弧に入れなければならないと考えているのです。私はそれは間違いだと思います。

エステラ・パスクヴァン　幻想の枠組みにかんする質問をしたかったのですが。焦点化の主題が折よくやってきました。確かにブリーフ・セラピーは、火事の広がりを防ぐために、その火元を消すことを目的にしていると言うことができます。でも同時に言えるのは、火元に狙いを定めていますが、幻想の枠組みには触れないということです。ところでルシアの症例では、ああいった効果を得るためには何かが不安定にならざるをえませんでした。質問は、幻想の枠組みが安定したままにとどまる場合は、どれほどの期間、治療効果が持続できるのかということです。

この男性はじっさい下さなければならない決断を前にして、とても強い不安を抱えて登場します。あなたは最初の周期のなかで、分析家による介入が症状の幻想的次元を正当なものと認めることを目的としていることに、注意を促しています。介入はどういうものだったのでしょうか。と言うのも、正当なものと認めることは、公証人の仕事でもあるからなのですが？

私にとって取り上げることが大変重要だと思うことは――あなたは、非常に強迫的[16]なこの男性の持っている幻想の枠組みについて語っています――大他者によって死に至らしめられることに彼が関わっていること

14　（原注）Olié, Jean-Pierre, Poirier, Marie-France, Lôo, Henri, et al. (1995) *Les maladies dépressives*, Paris, Médecine-Sciences Flammarion.

15　（訳注）「対象ａ」は愛の対象、欲望の対象、欲動の対象を指すのに用いられるが、ここは欲動の対象のこと。身体の穴（と、その縁）のまわりに息づく欲動は満足を求めるが、ラカンはその対象として乳房、糞便、視線、声、ファロスをあげる。対象ａとしてのそれらは、身体から切り離された一つの断片で、主体は言語によってその一貫性・確かさを保持すると考えられている。

と、毎回彼が消し止めるべき火元を持ってくることです。しかしどうじに彼は、いわば大他者を死に至らしめた状態で維持することを、試みてもいます。あなたの二度目の介入は、この強迫神経症者の戦略を打ち砕いていいます。

ルシア・ダンヘロ　幻想における彼の位置とは、難しいものです。彼のしるしは、父にとっての死産の息子であるということなのですから。妻の妊娠中、生まれてくる子は死産であるという確信を、父親は持っていました。この主体は大他者によって死に至らしめられることにたいして、生まれてこの方ずっと闘ってきたのです。

ジャック=アラン・ミレール　父の欲望のなかで。

ルシア・ダンヘロ　そうなのです。父の欲望のなかで、彼は大した場所を占めていません。といっても——これもまた奇妙なことですが——母の側にも逃げ場が見つからないのですが。彼のことを守ろうと努力した母親から彼は結局距離を取っています。

私は「幻想的な位置を承認・正当化する」ことについて語りましたが、それは主体が幻想の側面から（分析に）やって来たからです。何かが闖入《ちんにゅう》して、幻想を不安定にさせたのです。はじめ彼は、症状を持って登場したのではありませんでした。彼の幻想のシナリオ、両親の幻想のなかで彼が占めている位置、彼にとっての対象としての女性の位置、それから欲望の側もしくは愛の側の、女性の位置を、私は彼に示したのでした。そしてこれらすべてのおかげで、幻想のなかで私たちは動けるようになりましたが、それは選択が——こう言ってよければ——生か、死か、の問題であることを知りつつのことでした。欲望か、さもなければ最悪の事態か、という選択でした。というのは、生活を秩序立てたいと欲している、あの禁欲という特徴も備える女性をもし選んでいたなら、最悪のことも起こり得たでしょうから。同一化の問題は、死せる父が誰の目にも明らかに存在していることによって、複雑になっていました。そのうえ、この人物像は女性によって体現されることもあり得ます。ラカンがそれを示しているように、カップルのあいだで女性は男性の超自我となり得ますし、もしこの症例でそれが起こっていればそれは恐ろしいことになっていたでしょう。彼自身もこう言っています。「今になって彼女はほかの女性みたいになって、要求しはじめたんです……だったら、出てけ！　です」。この男性は女性に大変もてる人だということを言わなければなりません。彼は自分からイニシアチブを取ることはせず、同意するだけでした。これらすべてが現実に彼をサバイバーにしているのでした。

ジャック＝アラン・ミレール　それは私が気に留めた点でした。この症例では女性、女性弁護士、秩序を与える女性が、父、公証人である父の一つの変奏のように登場するのが見て取れます。これはラカンが、女性なるものは一つの〈父の名〉である（*La* femme est un Nom-du-Père）と教えるときの、その言葉を説明するものです[17]。

先ほどのルシアとエステラの対話はとても多くのことを教えてくれます。大事なのは、この主体ができるだけ早く、再び生ける者になることにあるのです。（現実に地震が起これば）保存あるいは修復の行動が問題となりますが、その一方、分析的治療の展望のなかでは、私たちはカタストロフィーを探検し、地震を強化

16　↗99頁。（訳注）原語はmortification。「死」を意味するmortから派生した語で、苦行、禁欲、屈辱、壊死などの意味がある。この箇所では文字通り主体を死んだ者としたいという大他者の欲望が問題になっているので、「死に至らしめ（られ）ること」と訳した。

17　（訳注）J. Lacan, op.cit., p.563.

する、いわばコンドリーザ・ライス[18]のようなものです。政策について問われたときの、上院委員会前での演説を思い出して下さい。公衆の面前、世界中のテレビを前にして、彼女は津波がアメリカ政府にその同情を示す「絶好の機会」――a wonderful opportunity――を提供したと述べたのでした。ところで私たちにとっても、主体に症状面で何かカタストロフィーが生じるなら、それは非常に良い分析（very good analysis）のための、すばらしい機会となります。いずれにせよ、主体が修復するべき位置は、以前よりも確かに人間的なもののようです。

　私は昨日紹介された三つの症例は範例的なものだと言いました。カルメン・ガリードの症例では、貴賤相婚の妃が登場し、美術の学校を開校しますが、でも膣ヘルペスを持ってもいました。私たちは周期を閉じることを受け入れてよいかどうかを、議論できるでしょう。私の意見は、よいというものです。というのは、なぜ膣のヘルペスに打ち克たなければならないのか私には分からないからです。彼女は解決策、出口への道を見つけていますし、それは彼女の話＝歴史によって、叔母という人物像を素として、提供されていたものです。ここにはある一つのロジックがちゃんと働いています。

　以上は昨日のことでした。今朝はルシア、フェリックス・ルエダ、アマンダの症例が昨日同様にすばらしいと思います。ルシア・ダンヘロの症例はあまりに明快で、ラカン派であろうがなかろうが、実践家たちに考慮されないということは想像できません。それは私たちに多くを教えてくれます。静かに口にしますが、私はこのバルセロナの「会話」に驚いています。ここでは何かが起こっています。私はそれが最近のパリのフォーラムや将来の展望が開けているという満足から来ているとは思いません。私たちは昨日範例的な三つの症例を見てきましたが、今日の三つの症例は私たちのあいだで古典的なものとなるでしょう。これは偶然起こったことではないでしょう。最初の仮説は、神の導きであるというものです。ひょっとするとそうかも知れませんが、より信ぴょう性のある仮説は、私たちがラカン主義の新しい周期に入ったというものです。私はそういう感覚にすでに何回も捉われましたが、今日《こんにち》その思いはいっそう強まっています。昨年はシャン・フロイディアンのなかで一つの周期の終わりが告げられ、[19]今日《こんにち》バルセロナ、そしてパリで、私は新たな周期のはじまりを感じとります。私たちはその展開と責任についてよく考えてみなければなりません。すべき仕事はたくさんあり、私たちはまだ山のふもとにいるのです。

18（訳注） この症例検討会が開かれた当時のアメリカの国務長官。前年に発生したスマトラ沖大地震についての発言――この後ミレール氏が紹介しているもの――が、各方面から批判された。

19（訳注） ２００３年の10月に、エコール・ドゥ・ラ・コーズ・フロイディエンヌは公益団体となることを決定した（認可は２００６年）。また２００４年には、「アコイエ法案」に反対する運動を繰り広げた後、一定の勝利を収めるに至った。

第五章　症例ぺぺ——大便を失禁する4歳男児

精神病者のちょっとした発明　フェリックス・ルエダ[1]

解釈の効果、つまり享楽の位置を特定すること[2]（localisation）により、精神病の子供は分析に入ることが可能です。享楽の位置特定は、第一のときにおいては、それに伴う享楽の消失とそれによって生み出される治療効果によって迅速に確認されます。つづく第二のときにおいては、主体にとってのある一つの現実（une réalité）の構成を支える、さまざまな回路の創作によって、確認されます。これらの回路は、主に解釈によって生じた享楽の位置特定のまわりを巡っています。

「違うのは、おむつだけです」

私は自閉症と精神病の子供のための相談機関に非常勤で勤めています。２００１年5月のこと、ある家族が幼稚園の助言に従って面談にやって来ました。私はその子供をぺぺと呼ぼうと思います。

ぺぺは当時４歳で、園からの紹介状には「適応の遅れ」と「遺尿症と大便失禁」に苦しむ子であるとの記載がありました。また、社交性の欠如（「他の子供たちのそばにいるが、いっしょにいるわけではない」「遊ばない」）、徘徊（「立ち歩く」「目的もなく教室を歩き回る」）、言語の障害（「文章を構成するのが難しい」「繰り返し同じ質問をする」「人に何か訊かれると、答えないか、要領を得ない答えをする」「人に言われたことをおうむ返しする」）とも書かれていました。さらに、ほかの問題点（「ときどき人の視線を避けたり、なにか物を目の前に置く」「自分の姿を鏡にうつして、耳をふさぐ」）も報告されていました。「トイレではおしっこもうんちもしない、ただおむつを履いたときにする」「とつぜん居心地が悪く感じるが、おしっこをしたいからで、彼は『おむつ』と言って要求する。人がおむつを持ってきてくれたことが分かったときだけ、トイレに入る」。

初期の面談で、彼の母親は最初の夫の死について語りました。この夫とはふたりの子供をもうけており、もうふたりとも青年です。ぺぺは現在の夫とのあいだにできた子供です。ぺぺは神経質な赤ん坊で母親を眠らせてくれなかったと言います。一晩中ありったけの力で泣きわめいていたそうです。彼女が腕のなかであやしても無駄でした。幼稚園に入る3歳頃までは、そんなふうだったそうです。

最初両親はぺぺに起きていることがはっきりとは分かりませんでしたが、各自に考えはありました。父親は、おそらくコミュニケーションの問題だろうと考えていました。「何か言いたいに違いありませんが、彼はどう表現していいか分からないんです」と打ち明けました。しかし母親のほうは「お兄ちゃんたちと違うのは、おむつだけです」と言っていました。

ぺぺがトイレの便器のなかにしたくないというのがどんなふうなのか、彼らはそのとき教えてくれました。ぺぺを便器に座らせると、彼はじっとして、パニックになり、真っ青になり、硬直して、身体もこわばるのですが、幼稚園でも同じ様子でした。散歩の最中に、家に帰っていつものようにおむつでうんちをしたいと、父親にせがむこともありました。両親がこの話をしたときぺぺも同席していました。

1 （訳注） Felix Rueda：バスク地方ビルバオ在住の精神分析家。AMP、ELP会員。

2 （訳注） この語には「局所化」「局在化」といった訳語があるが、分かり易く「位置の特定」と訳した。だからと言って享楽に何か実体的な面があり、それを測定し把握するという意味では決してないことは、この症例とそれに続く討論から明らかであろう。

初期の面談

ぺぺは椅子に座って熱心に紙にお絵描きしていましたが、部屋のいろいろな音に敏感になり、注意を払っている様子でした。とりわけ、おもちゃの家のドアに興味を示しました。「ドア……しまる」と彼は言い、「ドア」「できない」と言いながら、繰り返しドアを閉めようと努めました。

これは「閉める」というシニフィアンがはじめて単独で現れたときでした。しかし〈フォルト・ダー〉[3]はまだ構成されていませんでした。

初期の面談では、彼はすでに試みたことのある、ある方法に助けを求めました。反響言語のことで、これは鏡像段階への局所論的退行の現れです。ぺぺは私にたいして完全に鏡の関係に位置していて、私を真似て、私が言うことすべてをおうむ返しに言いましたが、そこにはいかなる挑発の次元もありませんでした。私が「僕は君のことを聞くよ」と言えば彼もまた「僕は君のことを聞くよ」と言い、私が「うん」と言って彼を励ませば、彼も「うん」と言いました。私が「うーん」と言えば彼も「うーん」と真似し、私が「僕は分からないな」と言えば彼も「僕は分からないな」と言いました。

鏡像的な位置を取りつつも、彼は自分のことについてもいくらかは言いました。たとえば「かわいい」です。新しい眼鏡をかけてきたときは、「めがね……白いバス」さらに「光は落ちて、機能しない」、また「のり（学校）はない[4]」と言いました。

2回目の面談では転移の最初の現れが見て取れ、「バス……つぶれたしゃりん」（スペイン語で車輪は ruedas）と言いました。彼は続けます。「しまったドア」「しまったドア、ドアのかぎ」「シンプソン家のおかあさん」「ポケットのなかのかぎ」「ドアがあく」。私は開いたドアが最初に現れたところで句切りました。

「開いたドア、閉まったドア」という対のシニフィアンが存在していることから、ある一つの拍動（pulsation）が存在する可能性を、説明できるでしょう。

解釈と分析態勢に入ること

つづく面談で、彼は家にあったおもちゃを持ってきて、「あいてる」と言いました。彼は見るからに不安な様子でした。私は彼に三人称で話しかけて、「何かが開いているね」と言いました。つまりこれは穴、便器の穴であり、それが彼をとても不安にさせているのです。彼は「うん」と言いました。

次の面接では、彼はドアの敷居が怖くて跨《また》ごうとしませんでした。そのため彼はお父さんについて来させました。穴への恐怖が分析態勢上に移動したのです。彼は父親なしでひとりで部屋にいることを受け入れましたが、私の考えでは鏡像的な位置に留まったままでした。私がなにか動作をすると、彼はそれを真似ていました。彼は再びドアを開け、それから閉めて、こう言います。「僕にはシンプソンママはいない」。それから「僕は4歳」、そして「いたい」と手を見せて言います。私が彼に、「できたら今度説明してね」と言うと、こう答えたのでした。「君はなにを言っている！　なにをこいつは言うんだ！　君はなにを言ってるんだ？」。大便を自身から切り離すことが不可能であることから、大他者と対象aのあいだ、身体と大便のあいだに

3（訳注）フロイト「快原理の彼岸」須藤訓任訳、『フロイト全集17』に出てくる。幼児の糸巻き遊びについて、言語体系の始まりは二項対立にあると考えられることから、ラカンは幼児が象徴界に参入し始めることと重ね合わせて論じている。セミネールの11巻『精神分析の四基本概念』小出浩之他訳、岩波書店、２０００年、５章を参照のこと。

4（訳注）原文は以下。Il n y a pas colle（école).

何が生じているのかが説明されます。彼は身体を持っていないか、仮に持っているとしても、それは硬直した身体なのです。彼にとって重要なことは空《くう》を塞ぐことにあり、それは空が彼をかっさらってしまいかねないからなのです。身体の穴を塞ぐこと、それこそおむつが請け負っている機能なのです。括約筋がそのものとして構成されておらず、内と外の区別も存在していません。ぺぺにとって便器の穴と身体の穴は、自分がそこから消え去りかねない穴そのものなのです。

この穴にたいする防衛が欠けているために、パニック、顔面蒼白、そして身体の硬直が生じていました。この穴を覆うのに彼が利用できた唯一の手段が、対話者にたいして鏡の関係に位置するということだったのだと、私たちは考えることができるでしょう。

「ドアを閉じる–開ける」という対のシニフィアンの出現のあと、穴も出現し、それと同時に不安も生じています。面接のなかでさまざまなところで句読点を打ったこと、穴の位置を特定したことにより、不安が分析態勢上に移動する（置換される）ことができました。身体についての最初の言及、「いたい」がこのとき現れます。これらすべては一ヶ月半内の6回の面談で起こったことで、そのあと夏のバカンスに入りました。

声の出現、音の系列

9月になりバカンスから戻ると、ぺぺは部屋で電話が鳴るのを聞くと、驚いて声を上げました。「これはなに？　なんてこわいの！」、そして「かねがカーンとなる」と言いました。ここから私たちは「彼をおびえさせていた」幻覚的な特徴を持つ一連の音を特定する（localiser）ことになります。それは鐘、爆竹、地下鉄、クレーンの音です。この作業は治療のあいだずっと続くことになるのですが、その初期の段階では、穴の位置特定につづいて、声の出現が生じました。

私は面談の継続と、面談を治療に変えることについて両親と話し合い、承諾してもらいました。母親はこのときトイレの問題は消えた、ぺぺはおしっこをふつうにできるし、うんちをするときは便器に座るようになったと教えてくれました。[5]

治療効果

一つの迅速な治療の効果が生じています。大便失禁と遺尿症が消失しましたが、これは面談の初期に、彼が享楽の喪失に同意したことの一つの結果です。この症例の話を続けるのは私にとり重要なことです。と言うのも、どんなふうに、この享楽の喪失と転移によるサポート（転移があるからこそ、声と視線に関する幻覚的な現象を見定める作業が続けられたのです）とが、この主体の努力の軸をなしていたのか、そのことが理解できるからです。この主体による努力の結果、新たに身体器官が構成されました。それはある新しい縁《ふち》が形成されたからであり、つまりぺぺの「ちょっとした発明」[6]が起こったからでした。

発明

ぺぺの最初の発明は、プレイステーションを使うことでした。長いこと彼は、登場人物、音（例えば彼は声に抑揚をつけてひそひそと言いました「スカンク……あなたの時間はもうすぐおわりです」）、数などをごちゃ混ぜ

5（訳注）ぺぺとの面接は5月に始まり、バカンスをはさんでこの時点では9月である。数ヶ月に渡る面談は、続いて行われるより本格的な分析的治療に対して、予備的なものとして捉えられている。

6（原注）J.-A. Miller, «L'invention psychotique», *Quarto*, n° 80/81 (2004), pp.5-12.

にして、不明瞭な形で話していました。それは、物語を作るかわりに、プレイステーションのゲームの一シーンを彼なりに見せているのだと私が理解するまで、続きました。それでコンソールの音に興味があるのかと訊くと、彼はうんと答えました。コンソールへの興味は、身体の外に、享楽を凝縮・圧縮させる対象を構成しようとする、一つの試みです。対象（物）としてのコンソールは、枠と画像とを結び付けており、音と声を含んでいました。

二つ目の発明は、父親といっしょに彼がこしらえた電車の線路（回路）[7]です。父親は相談に来るたびに、ぺぺにそのパーツを一つずつ買い与えていたことから、この線路は転移に関連づけられるものです。

そのうえぺぺは鉄道沿いを散歩するときには線路に興味を示し、橋、トンネル、穴、配管などの情報を得ていました。線路への興味のなかには、名付けることのできない享楽の輪郭を定めようとする、彼の努力が存在しています。このようにして声という対象が幽霊の形をとって線路のなかに現れることになります。幽霊たちが電車に乗って歌い、彼を怖がらせたのです。電車の音にも彼はおびえていて、それは「車輪」（スペイン語でruedas）がついているからでした。トンネルのなかで、穴にしたたり落ちる水にたいしても、彼は全く同じようにおびえていました。

声と視線という対象[8]

続いて別の系列の対象が展開されました。例えば、ある晩のこと、「窓にあるクレーン」が彼を怖がらせます。「風がこわい、クレーンをうごかして、それはおちて音がするんだ……かみなり、光が電球を消しちゃって、暗くなる」。「窓に二つの目があるんだ」と彼は言いました。ベッドに入ると、この二つの目が彼を怖がらせていました。クレーンが窓から見える場合には、彼は非常に個別的なやり方でその説明をしました。「窓が僕を見ていて、風がふいていて、クレーンはおちちゃった……おうちがこわれる」。少し経つと、彼は「ベッドでの声」についても語りました。そのとき私が「ぺぺをおびえさせる目があるんだから、彼をおびえさせる声もあるよね」と言うと、彼は「うん、モンスターズ・インクのモンスターたちの声」[9]と答えました。

ここではわずかですが置換が生じていて、音はクレーンの音であることをやめ、クレーンを動かし、音を生じさせる風の音になっています。ぺぺは「風がふいてて、雲を、川をも、はしらせる」「4歳だったとき、嵐がしゅーっとして、暗くなって僕はこわかったよ」のようなことを言い始めました。恐怖の症状は象徴界（嵐）、現実界（音）、想像界（自我）を結び付けています。家族は彼が「自然な」現象に対して持っている恐怖を、私に語ってくれました。このようにして、家族に助けられつつ、基底現象（全体としては妄想をそのなかに含んでいます）の展開は、これらの現象を怖れるという方向をとりました。

断片化された言語――意味作用を生まない、隔離された単語の不意の出現のような――は、文章を構成するに至りました。この言語水準の一つの移動＝置換によって、一人称、「僕」（je）の使用が現れ、つぎに、家族の人たちの言説のなかからとられた言葉の使用が現れましたが、これはそれまでは存在しなかったもの

7（訳注）circuits：回路、線路。ここではプラレールのような玩具が使われている。
8（訳注）欲動の対象としての声と視線のこと。精神病の主体は神経症者と違って自らを構成するにあたり対象の抽出が行われないため、それが現実界に回帰する。
9（訳注）『モンスターズ・インク』はディズニーとピクサー共同制作のアニメ映画（２００１年公開）。毛むくじゃらのモンスターサリーや、ひとつ目モンスターマイクなどが登場する。

でした。ときどき彼は換喩的、同音異義的なやり方で話していました。一つ例をあげましょう。「フィアット ウノ、フィアット ティポ、フィアット レガッタ（スペイン語でレガッタはオール競技も意味します）、リアでフィアット レガッタ」（Fiat uno, Fiat tipo, Fiat regata, Fiat regata dans la ria.）[10][11]。

「縁の向こうがわには僕は行くことができないというもの」[12]

現在ペペは一個の回路に興味を示しています。それは正確には製図に基づくようなものとは言えません。何故ならこの回路は転移のもと、反復のなかで、書き込まれているにすぎないからです[13]。回路はビルバオの海岸の二つの岸に至るものです。一個の回路が鉄道の部分と道路の部分に分かれていて、鉄道部分は一方の岸、道路の部分はもう一方の岸に至るようになっています。トンネルや橋などもあり、二つの岸は海に通じています。輪郭がいまもなお定まらない還元不能な享楽をそこで統合させようと、ペペは努力しています。例えばこのような村には教会とその鐘が存在し、地下鉄では駅名を告げる女の子の声がします。ペペはそれらを聞いていて、この製図に含めています。私はこの回路は統一することへの努力を示すものと考えます。なぜならあるひとりの指揮官のもとに、電車の回路と「自然な」現象への一連の恐怖心とを、結び付けているからです。

ペペが言ったことを挙げてみましょう。「宙ぶらりんの橋が僕をすごくこわがらせるなら、船か道をとおって、川をわたるよ」「サントゥルスからは海がみえるんだ。波は大きかったよ……、それに血がでてた。オリニョンの海岸のよりもっと荒い波だったよ[14]」「火ようびに僕はサントゥルスにいったんだ、トンネルの出口をみたよ」「なにかが聞こえたんだ、汽笛を吹いている船みたいなの」「縁の向こうがわには僕は行くことができないというもの」。彼が私たちを呼び集めているのは、まさに海のような深淵にたいする縁の建設そのもののためなのです。「たくさんの自転車専用レーンがあったよ」「電車がこの村についたとき、電車のなかでひとりの女の子がここはどこの村なのと言うのが聞こえたよ。女の子の声は言うんだ、ポルツガレート、って。トンネルを通ると、その声はペニョータと言うし、さいごはサントゥルスって言ってた」。ここで話題になっているのはある声で、この声はワゴン車のなかで、駅名を告げるものです。
「月はもうまん丸なんだ。月は朝赤くなるんだけど、それは太陽が照らすから。雲がいくつかあるけど、また隠れる。毎朝僕には吹いている風が聞こえてた。川は波をつくるし。ポルツガレートの川は海岸みたいに波をつくるけど、それは小さいんだ」
「ラス・アレナスはポルツガレートよりもっと大きい、だって海岸があるから。もっと大きいわけは、教会、海岸、そしてまさに海があるからなんだ。海はとても大きいし、灯台は船がまわるためにある。それはもっと大きい、だって標識のなかにそうあったんだ、それは文字だった。海岸と海のあいだには赤い旗があって、それは立ち入らないためなんだ」

10（原注） スペイン語でregataは《ボートレース》を意味する。ビルバオの海岸でボートレースはよく行われる。

11（訳注） スペイン語の意味は、Fiatは車、unoはひとつの、tipoはタイプ・型、regataはレガッタ・オール競技、riaは河口。直訳するなら、「車、ひとつの、車、型、車、レガッタ、河口で車、レガッタ」。

12（訳注） 原文は《Ce qui est au-delà du bord je ne peux pas aller》、文法的に正しい文章にはなっていない。

13（訳注） これ以降のペペとの面接のなかで実際に使用されたものがプラレールなのか、紙と鉛筆なのかなどの詳細は、本文から読み取ることはできない。

14（原注） ポルツガレート、エランディオン、ペニョータ、ラス・アレナス、サントゥルスは海岸の両岸上に位置する町。そのいくつかは海岸に沿っている。オリニョンとソモロストロは浜辺の名前。

彼の家からは工場が見え、道路はロータリーに通じていてそこから海岸にいくことができます。「川には渦巻きがあって、便器のそれみたい。僕はいろいろ考えてた……水が出てきて……川に去ってった。竜巻があって、その音は聞こえたし、それはおびえさせてたんだ」。

結論

川の渦巻き、水流の穴、これらの場所に声の位置は特定されています。これらはあの回路がそのまわりをめぐる点であり、この回路が一つの縁を生み出します。「その先に僕は行くことができない」「赤い旗があって、それらは海に立ち入らないためなんだ」（海と川は穴そのものです）。

これこそペペによるちょっとした発明で、トラウマ穴（troumatisme）[15][16]とうまくやる方法であり、穴と主体、排便と主体との関係のなかにそれは最初から現れています。回路は、子供を局所論的退行と身体の消失とで脅かしていた享楽を安定させるための、一つの探求の道なのです。これは現実（réalité）の領野を構成する方法のうちの一つです[17]。

現実は対象の抽出によって生み出されるのではなく、享楽を身体が身にまとうこと[18]によって生み出されるものなのでしょう。穴とそれを縁取る回路のおかげで、外と内とを区別することができるのです。「環境世界（*Umwelt*）」、と、ラカンはそのことをジュネーブ講演[19]で身体-事物化（corpo-réifie）しています。「その世界、もしこの語が意味を持つとすればですが、その環境世界——彼（人）の周りに存在するもの——を、彼は身体-事物化します。彼は自らの身体像にたいして、周りに存在する環境世界を事物とするのです」。それはスペイン語で同音異義語において理解できるのと同じです。「波は大きく、血をだしている[20]」と。これは、現実を構成することと、自分の一つの身体を作り上げるということが、密接に結びついていることを説明するものです。

以上の介入によって私たちは治療効果を確認できました。暗示によってではなくある享楽の喪失によって分析態勢に入ったときに、この効果は得られたのでした。

15 （原注） J.-A. Miller, *«L'invention psychotique»*, (「精神病者のちょっとした発明」) *Quarto*, n°80/81.「発明という語が課されるとすれば、それはこの語が、存在しない大他者の概念に深く結びつけられているからである……。それは主体が自らのトラウマとうまくやらなければならないという概念である」。

16 （訳注） トラウマ（traumatisme）と穴（trou）をかけた言葉で、未刊のセミネール21巻2月19日の講義に出てくる。Là où il n'y a pas de rapport sexuel, ça fait «troumatisme»（性的関係が存在しないところに、それはトラウマ穴を作る）。

17 （原注） J. Lacan, «D'une question préliminaire...», in *Écrits*, op.cit., Seuil, note 1, p.553.「精神病のあらゆる可能な治療に対する前提的な問題について」佐々木考次訳、『エクリⅡ』弘文堂、１９７７年、3-7頁および３５４頁注（14）参照。

18 （訳注） 原文はappareillage。この語はappareillerの名詞形で、補綴をする、人工器具をつけるなどの意味がある。ここでは諸欲動がペペの発明する「回路」によってうまく身体に拘束されたり身体を経由したりすることが可能になるための、主体の準備を指す。セミネール11巻の14章「部分欲動とその回路」、前掲『精神分析の四基本概念』２３５頁を参照のこと。

19 （訳注） １９７５年10月にスイス・ジュネーブのレイモン・ド・ソシュールセンターにて行われた、症状に関する講演。J.Lacan. Conférence á Genève sur le symptôme, *La Cause Du Désir*.n°95, pp.7-24.

20 （原注） スペイン語で *Sale sangre* は、「血が出る」もしくは「塩と血」のように読まれ得る。

【討論】恐怖症がないこと

オラシオ・カステ　非常に重篤な精神病の子供です。目を見張るような治療効果が短期間で生じています。子供が連れてこられたのは大便失禁の症状があったからでしたが、これが第二のときには解決をみて……。

フェリックス・ルエダ　この子を受け入れたのが私の分析相談室ではないことを、説明しておきたいと思います。自閉症と精神病の子供を持つ親の団体があり、その枠で来てもらいました。この団体は治療のためにアパートを所有していて、そこではバスク地方の健康保険の適用が受けられます。

オラシオ・カステ　もっとも特筆すべきなのは、大便失禁の症状のせいで彼は連れてこられたということです。彼は三語文[21]さえ話せない子供でもありました。そしてこの症状の解決がまず先に起こり、その後彼は主体として存在しはじめ、社会との関係を持ちはじめたことも、特筆に値します。これは分析家への転移によって支えられていました。しかもこれは個別的な特徴を持つ転移です。なぜなら父親によって媒介されているからです。

フェリックス・ルエダ　治療効果は確かに初期の6回の面談の終わりに生じましたが、しかし作業は続けられました。私は治療効果を、子供が今述べていることの前提条件として位置付けたいと思いますし、そのように症例の最後に言及しました。彼はこう言っています。「ビルバオ川には渦巻きがある」、それは彼を怖がらせる音を生み出している便器のなかの渦巻きと同様です。これはたぶん周期のように、最初の状況に接続しているのだと私には思われました。

そこから治療のこの始まりとその効果について考えてみたいと、私は思いました。享楽の、ある喪失があったことは、私には明らかです。彼はいまやふつうにおしっこもできるし、大便もできます。よく目にするある現象にも興味をひかれたのですが、それは線路・回路の構築です。私はこれを解明したいと思います。

私が採用した治療の指針としては、初期段階のあの問い以外に、基底現象の位置特定をすることに専念したことがあげられます。私の頭にはいつもエリック・ロランのあるテキスト[22]があって、そのなかで彼はこのような性質を持つ症例で気に留めるべき二つの点を教えています。系列化しているシニフィアンの無限化と分離の現象が現存していることについてで、彼はこれを対象の抽出のときとして分析しています。その分析はシュレーバー博士が「糞をする行為」と名付けたものによって落ち着きを取り戻したというモデルに基づいていました。

私の症例では、窓にうつる目と音のような幻聴幻覚的なタイプの基底現象を、正しい位置に据えることが重要でした。それから線路・回路がやってくるのですが、これは私の考えでは「物の殺害」を行う機能としてのシニフィアンに関わるものでした。主体を含むと同時に、享楽を運ぶものとしてのシニフィアンに従属してもいる一つの装置のように、諸回路は私に現れたのです。

治療ですでに効果が得られていたにもかかわらず主体はまとまりのない形で話し続け、稀に文章を口にしたとしてもそれらには何の脈略も見られませんでした。このとき、私は何が問題になっているのかが分かり

21（訳注）「ママ、おやつ、ちょうだい」など、名詞、動詞など三つの単語からなる文。

22（訳注）以下の論文を指すと思われるが、判然としない。«le transfert délirant», *La cause freudienne*, n°4 (1983).

ませんでした。最終的にプレイステーションのあるゲームのことだと気づき、享楽を圧縮したものとしての音や対象そのものに彼は興味を示しているのだと気づきました。鐘や風といった音への恐怖が現れたのはそのときだったのです。

後になって両親が教えてくれたのは以下のようなことでした。治療開始から一年たつと（このとき彼は5歳でした）時間割に従って——彼は朝から元気溌剌として過ごすために夜は早く寝ます——生活を組み立てはじめたこと、テレビのニュース番組、とりわけ天気予報の番組を欠かさないことです。彼は天気記号をすべて知っていました。彼は自分が作った回路のなかに、鐘、電車、そして声さえも存在させました。幻覚的次元全体が、彼が音や、渦巻きについて——トイレの音や渦巻きであったり、今で言えば川の音や渦巻きについて——述べたことの周りに配置されています。基底現象に依拠しつつも、これらの回路を漸進的に作り上げ、次にそれらを一つにまとめ上げるのを、私は興味を持って見ていました。

ピエール＝ジル・ゲゲン　この作業は私にとってはアラセリ・フエンテスがトラウマの症例で使っていた「意味の網目の修復」という言葉に呼応するものです。ただしこの症例で問題になっているのは一つの発明であって、「意味の網目の修復」ではありません。

回路・線路の問いというものがことのほか私には興味深く感じられます。それはハンス少年の症例[23]を、また精神科医たちが「病的旅[24]」と呼ぶものを、私たちに思い出させてくれます。そこで主体はある製図を生産することで、自らの世界の崩壊が引き起こした諸結果と闘っているのです。この症例では、（世界を）構築するための一段階が問題となっているということは明白ですが、このことは、ほかの症例の場合に崩壊しているものが何なのかについても、私たちに教えてくれています。

ジャック＝アラン・ミレール　本当に幸いなことに、ここで私たちはマドリードのテロにおける電車の使用法とはべつの使用法を見ています。私はシャルル・ディケンズのあるページを思いつきました――フランソワ・ルニョー[25]がコメントしていますが[26]――複数の路線が交わる連絡駅に関する傑作です[27]。

ピエール＝ジル・ゲゲン　この症例が疑いの余地なく証明していることは、この次元の治療は脳細胞の位置特定の問題ではなく、むしろ想像的、象徴的、現実的回路の内側における対象ａの正しい位置特定の問題であるということです。

フェリックス・ルエダ　症例を書いている時点では、私は１９６６年の「精神病に可能な治療にかんする前提的な問い」に付け加えられた注について考えていたのですが、ラカンはそこで対象の問いを提出しています。この子は常に、より目のつまった網を制作していて、そのなかにさまざまな要素――日常生活にあるものから取られた、電車、父からのプレゼント、テレビのニュースで目にした物事――を入れ込んでいます。これは大変ありふれた器用仕事（bricolage）ですが、それと同時に彼のいろいろな恐怖の結び目も作成されました。この結び目のおかげでペペは「僕」と言うことができるようになったのです。

ピエール＝ジル・ゲゲン　恐怖症を作り上げることが重要だったわけで、一つの症状化が問題になっていま

23（訳注）「ある５歳児の恐怖症の分析〈ハンス〉」総田純治訳、『フロイト全集10』岩波書店、２００８年。

24（訳注）妄想や幻聴などに支配されて海外旅行などに出ること。

25（訳注）François Regnault（1938－　）：パリ第八大学精神分析科で教えるかたわら、演劇界で翻訳や脚本を手掛けるなど幅広い活躍で知られる。

26（原注）François Regnault, «Dickens, le théâtre et la psychanalyse», *Ornicar?* n°17/18, pp.231-233.

27（訳注）シャルル・ディケンズの小説『マグビー・ジャンクション』（*Mugby Junction*）のこと。

した。

フェリックス・ルエダ　そうです、それは穴の縁の作成として説明することができますし、この縁《ふち》に出現した声は、音に結び付いていて、それを出していたのは……。

ジャック＝アラン・ミレール　彼が苦しんでいたのは恐怖症がないということです。もし恐怖症を持っていれば、あなたがそう教えているように、穴や風にたいする防衛を自由に使えたはずでした。その場合、彼は縁を持っていたでしょう。彼は恐怖症を作り上げることができないことに苦しんでいたのですが、しかし彼はその構成要素は持っていました。ラカンは恐怖症は中継点であると、不安のセミネールのなかで述べています。[28] この症例において、私たちは中継点以前のものに関わっているのです。

　この症例から皆がいつか精神分析に関する何かを学ぶだろうと私は思います。一つの準拠になればよいと思いますが、それはこの症例の並外れてすばらしい特徴のためではなく、話がすばらしいやり方で構成されているからであり、その方法が大変明快でシンプルであると同時に、非常にしっかりと秩序立っているからです。これは新しいラカン主義です。

パロマ・ラレナ　時系列の質問をしたいと思います。子供は最初4歳だと言い、次にどれくらい経ってかは分からないのですがしばらくして、彼はまた4歳だと言い、恐怖について語っています。

フェリックス・ルエダ　彼は来たときに4歳で、今は8歳です。私はそれを症例に記載しました。というのはそれは主体化の指標を与えてくれますし、最初、幻覚的な次元に散らばっていたあらゆるシニフィアンの現れ方の指標も、与えてくれるからです。今彼は「僕は4歳だったとき、あれとこれが怖かった」と言えますし、今は象徴界の扱いがうまくできて、そのおかげで彼は一つの秩序を確立することができています。彼にとっては、穴が開いたときに、パニックが出現しました。両親は私に、大便をしなければいけないときにそうなるのだと言っていました。でも現在彼はそうじゃないときも怖かったのだと述べることができています。今も彼は恐さを感じていますが、以前とは様子が異なっています。

イヴァン・ルイーズ　症例を読むのがとても楽しかったのですが、とりわけ説明がこんなにも明快だからです。転移と不安の扱いについて少しお話ししたいと思いました。この二つの連接を使うことで、二つのときを確定することができます。第一のとき、これは6回の面接のことで、フェリックスは「開く-閉じる」という二項対立を固定します。それから次の面接で、不安が分析態勢に移動-転移して（se transfère）、それが子供の身体を出現させることになります。分析態勢による不安のこの取り扱い方を、私は評価したいと思います。私の質問はこの子の父親のステイタスに関するものです。彼は二度の機会に、登場します。初期の段階では子供がドアをまたぐときで、二度目は子供が家にもどり、彼のまえで大便ができたときでした。

フェリックス・ルエダ　転移に関して言えば、最初の面会からすぐに、閉じること、より正確には「閉じるように後押しすること」が実際に問題となっていて、2回目の面接ではじめて開けることが問題になりました。ところが3回目になってはじめて彼は「ひらけ！」と言い、パニック状態になったのです。興味深いことに、つづいて「僕はこねる粘土を持っている」の問いがきて、私は何のことか説明して欲しいと伝えました。すると彼は「君はなにを言ってる！　なにをこいつは言うんだ！　君はなにを言ってるんだ？」と答えました。私はちょっと脇にずれなければならないと考えました。というのは、解釈のせいで知の大他者が生

28　（訳注）　出典は不安のセミネールではなく以下である。J. Lacan, *Le Séminaire Livre XVI D'un Autre à L'autre*, Paris, Seuil, 2006, p.307. そこでラカンは、恐怖症は一つの臨床的単位ではない、神経症（ヒステリーと強迫神経症）や倒錯の構造をもつ主体に共通して見られるものだと言っている。

まれてしまっており、彼は私をそこに位置づけてしまったので、私はそこから立ち退くべきだと思ったのです。それで私は非-知（le non-savoir）の側に位置することを選びました。これはだから転移にかんする最初の私の動きです。続いて鏡像的な対決のリスクが出てきました。父親については、子供にとって彼は遊び相手以外の何者でもなかったと思います。たとえぺぺがおむつを要求したのが父親にたいしてであったとしても、遊び相手が持っているのはおもちゃの線路でした。

ジャック=アラン・ミレール　症例のなかでとくに私が好きなのは、あなたが取り上げている転移の痕跡のことで、それは子供があなた自身の名前から作った使用法のなかに現れています。つぶれた車輪（ruedas）です。それはあとの方でももう一度現れます。この語が最初に現れたとき、あなたは彼のフレーズを引用し、「これは転移の証拠である」と書いています。しかしながら、これは読み手にとり直ちに説得力があるというものではありません。そうなるのには二度目が必要でした。すばらしいと思うのはこの小さな精神病者のカオス的な言説のなかで、分析家の名前が再び言及されることです。それはこのような症例の真の複雑性を私たちに見せてくれるものであり、セミネール第1巻にあるロジーヌ・ルフォールの症例、あの有名な「狼、狼！」のように[29]、記憶にとどめるのに値します。私にとってあなたの症例は、範例の価値も持っています。

ルシア・ダンヘロ　彼が時折体験する象徴界との出会い（rendez-vous）は、父親や分析家との出会いほどには多くはない印象を持ちます。後者の出会いのおかげで、彼は空間的な行程を発明し、時間的な標識も持つに至っています。彼はテレビのニュース番組の日付や時間は理解できます……。私にとって貴重に思えることは、彼が、予約の時間を分析家に思い出させるというイニシアチブをとっていることです。象徴界とのこうした数々の出会いは、二つの水準でなされています。空間的水準――たとえば電車とともに――と、時間的水準――時間の境目とともに――においてです。

ロサ・カルベ　今後歴史に移行することになる古典的諸症例に思いを馳せていたのですが、この、こう言って良ければ「大便のジストニア」の症例が示しているのは、一つの縁の構築こそが、語る主体が存在することを可能にし、言う行為（le dire）の次元への移動-置換を可能にするということです。身体が構成されるためには、一つの縁が必要なのです。なぜならこの子は分析家のところに赴くまでは、大便のジストニアを体現していたからです。「私は三人称で彼に話します」という表現は、何を意味しているのでしょうか。

フェリックス・ルエダ　アンテヌ110[30]の同僚たちがそのやり方を採用していたことから、私もそうしてみました。なぜならぺぺはとても不安がっていて、彼の言語が第三者のところに置かれているように見えたからです。ですからそんなふうに言葉を扱ったほうが良いのではないか、彼がパニックになっているのだから直接話しかけるよりも良いのではないかと思ったのです。縁の質問についてお答えします。私自身この症例で「対象の抽出」とは何を意味するのか、はっきりさせなければなりませんでした。この子供は精神病に留まっているのですから。実際、身体的な縁の問いに依拠すべきだと思いましたし、線路=回路や周期の行程一つ一つが、一つの疑似的な縁であるものを確かなものとすることに役立っていると、私には思われました。そのうえで、「赤い旗があって、海岸の砂と海とを分けてるんだ」と言うときに、彼は自ら縁《ふち》を位置づけるに至っています。彼自身によってこの縁の標識を立てているのです。彼は線路=回路のおかげでそれを構築

29　（訳注）セミネール第1巻第8章の症例ロベール。同症例を巡っては『自閉症の未来――ロジーヌ・ルフォールとロベール・ルフォールとともに』がナバラン社から出版されている。

30　（訳注）1974年ベルギーのブリュッセル郊外に分析家アントニオ・ディ・チァッチャによって設立された、子供のための治療施設。

していますが、途中、べつのさまざまな物、たとえば灯台に出会いもしました。

ピエール＝ジル・ゲゲン　この症例がまた、反対に（a contrario）教えてくれているのは、精神病が発症するとき、象徴界、現実界、想像界のあいだの結び目がほどけるとき、何が起きているのかということです。私が大変興味を持ったのは、最初は外から来ていた声、この漸進的な内在化を強調しながら、音を系列にそって並べてみるというアイデアです。私たちの方法は認知行動療法のような方法とは区別されますが、それは分析家が現実に、そこで、身体をもって存在する、ということを考慮にいれているからです。私たちの仕事が遂行されるのは、インターネットによってでもなければ電話によってでも、あるいは一つのプログラムによってでもありません。転移によるこの支えがあってこそ、声の漸進的内在化、主体化が可能になったのでした。この症例は、一般化した精神病（psychose généralisée）の理論[31]――もうずいぶん昔のことになりますが、ジャック＝アラン・ミレールが唱えました――を、範例的なやり方で示し、統合することを可能にしてくれます。私たちが手にしている諸要素は、ある系列から、主体のあるトポロジーへの移行について、考えさせてくれるものです。

31（訳注）「すべての人は狂っている」というテーゼ。J.-A. Miller, «Clinique ironique.»,（「皮肉な臨床」）, *La Cause freudienne*. n°23（1993）, pp.5-10.

第六章　症例アロンソ——病的嫉妬で浮気の証拠を探し求める30代男性

錆びた甲冑で遍歴する騎士　アマンダ・ゴヤ[1]

「錆びた甲冑で遍歴する騎士」とは架空の人物であり、これからお話しする主体——32歳の男性です——が「僕自身の神話」[2]と呼ぶものが指すものです。そのドン・キホーテ風の響きから、私は彼をアロンソと呼ぶことにします。一年半前に私に会いに来たのですが、それは彼が「病的嫉妬（jalousie pathologique）」に苦しんでいたからでした。これは彼の症状で、これがすでにカップルの関係を破壊していました。彼は当時付き合っていた女性にたいしてこのことがまた始まるのではないかと怖れていましたが、実際治療を開始して数ヶ月後にそれは起きてしまいました。

鋭い知性を持つこの男性は、犯罪学の勉強をした後、私立探偵の職に就いています。この職業選択は真理にたいする彼の個別的な関係に、完全に適合しています。本人が他者に与えようと努力している彼自身のイメージは——彼はそれを全く信じていませんでしたが——エネルギッシュで勇敢で、善良で優しく、女性にたいしては宮廷風恋愛をもっとも洗練されたやり方で演じられる男というものでした。しかし心の奥底では自分がエゴイストであると知っていて、自己愛を主張するために他者を征服しようと努めていました。じつのところ、彼は自分を傷つきやすい人間だと感じていて、彼の人格にたいする他人の評価を大変気にしている人間だと思っていました。

この「病的嫉妬」を彼が感じているとき、それは妄想的な色合いを帯びていました。ここに「職業的な歪曲」があり得ることは逃れようもないですが、しかし嫉妬が彼を襲うとき、彼はそれに取り憑かれたようになるのでした。そうなると彼は付き合っている女性の持ち物、鞄、洋服、引き出しを事細かく調べ上げ、浮気の疑惑を確信に変える、どんな些細なしるしでも見つけだそうとしました。そうやって彼は、享楽の存在を暴くことになる証拠を発見しようと試みます。（彼以外の誰かとの）性的な関係が存在したかも知れないと考えることに飽き足らず、彼が追跡しているこの享楽がそのひとときの痕跡を残したはずだと思っているのです。それで彼はとにかく執拗に痕跡を探し求めるのでした。

ある病的嫉妬

カスティーリヤの村に生まれたアロンソの家には4人の子供がいて、上に兄、下に妹がふたりいます。アロンソの兄は父と同じ名前を持っていました。アロンソは父の双子の兄と同じ名前で、伯父は代父[3]でもありました。アロンソの父は彼が17歳のときに交通事故で亡くなりましたが、高校の教師をしており、さまざまなNGO団体活動に協力していました。彼はとても社会問題に関心がある男性でしたが、家庭では威圧的な性格によってすべてをコントロールしていて、妻にたいしても大変嫉妬深く彼女をいつも苦しめていました。アロンソは父が死んでから母のことを良く知るようになったと言います。それまでは支配的人物である父親

1（訳注）Amanda Goya：マドリード在住女性精神分析家。AMP、EOL会員。

2（訳注）作品の中で主人公ドン・キホーテ・デ・ラ・マンチャの元の名前は、アロンソ・キハーノである。

3（訳注）主にカトリック教会で洗礼に立ち会い、その証人となる者。男性は代父、女性は代母と呼ばれる。洗礼後も、信仰上の良き導き手となる役割を担うとされる。

のせいで、母親の影が薄かったからです。

嫉妬にかんする最初の記憶を問うと、彼は8歳のときのある場面を語ります。虫垂炎で手術をした妹に付き添うため、母親が病院にいたときのことです。家では家政婦が家事をしていました。一度、彼は隣の部屋で争っている物音が聞こえたように思ったのですが、それは父が家政婦に抱きついていたからでした。最初彼はそのことを母に言いつけようと思ったのですが、兄の説得で思いとどまりました。彼はいまも秘密を守っていて、父を恨んでいましたが、彼は裏切られた母親に明らかに同一化していました。

彼は兄や妹たちに嫉妬は感じなかったと考えていますが、それは自分が父のお気に入りだったからでした。家族小説が語るところでは、父はアロンソが自分の父（つまりアロンソの父方祖父）に似ていると言う理由で、アロンソを偏愛していました。この祖父という人物は祖先たちの星まわりのなかでも、ある特別な輪郭を持って描かれます。祖父は大変な権力者と家政婦とのあいだにできた私生児だったのです。私はここで句切りました。「あなたの曾お祖父さんも……家政婦と？」。すると彼は反復に気がついて「その偶然に初めて気が付きました」と言いました。この祖父は大変幼い頃に孤児院に預けられましたが、17歳になるとき、死にかかっている父（アロンソの曾祖父）が彼を認知しようとして、枕元に呼びよせました。しかし祖父はきっぱりと拒否しました。彼は大変な働き者でかつ自由奔放《ボヘミアン》な人物で、詩を書いてもいました。アロンソの母親はよくこう言っていました。「お前はおじいちゃんみたいだね、お前の奥さんは何もこと欠かないだろうよ」。

私生児を生みだすこのような不倫状況というのは当時のスペインではよくあることでした。彼の祖父はその母、つまり家政婦の名前（姓）を持ち、子孫はそれ以降ずっとその母方の名前をつけています。

アロンソの前の彼女は女性蔑視をしていると言って彼を非難していましたが、彼自身、ひどい矛盾に苦しんでいることを認めました。つまり彼女が自分に従順であり彼女のすることすべてを把握していたいと望んでいる一方で、自分が愛するのは個性の強い女性であることを認めていました。彼は女性を理想化しているために、女性が輝きを失っていくことに耐えることができません。そんなとき彼は復讐したくなり、女性を取り替えたいと考えるのです。女性は男性より強くて柔軟だから変化にも男性よりうまく適応する、男性はより硬直していて壊れやすいと彼は考えていました。大変伝統的な家族観、「みんないっしょで、言い争いのない、大人数の家族」を持っていることを、彼は認めました。

しかし最初の彼女は彼のこころに消去できない痕跡を残しました。そのとき彼は18歳でした。「病的嫉妬」を感じ始めたのは彼女といたときのことで、それというのも彼は童貞でしたが彼女は処女ではなかったからでした。アロンソはこの非対称性に耐えられず、彼女が彼に帰すべきものを他の男に与えてしまったことにも耐えられませんでした。ひどく不当なことをされたという感情が掻き立てられました。彼は唯一の男性でありたいという欲望を告白し、しかし他人にその犠牲を払わせていることも認め、「それはすべて僕の自己愛のせいなんですよ」と、自分を非難する口調で結論づけました。

演出家

わずか数回の面談でこんなにも分析的に価値を持つ素材が現れるのは驚くべきことで、治療のはじめとしては稀なことです。自然と私たちはこの症例における抑圧（Verdrängung）のステイタスについて、問うことになるでしょう。しかしさしあたってこの問いは保留にしておきましょう。

彼にとってこの素材を生みだすことは羞恥の感情――「それについて女性に話す」ことをしなければならない――を伴っていました。問題になっているのは、性的な空想（fantaisie）です。最初の彼女に会って以降、その空想は彼の私的劇場の性質を帯び、彼女に対して彼は初めて「病的嫉妬」を覚えたのでした。それはマスターベーションの空想ですが、女性とセックスするときにも現れるもので、ある意味、この空想は彼を隷属状態にするのでした。というのはファロス的な享楽を得るのにはそれなしでは済まないからです。彼が話すことへの躊躇について語るとき、私たちは治療的な場所にいるのだということを彼に思い出してもらい、そうすると彼はすぐに安心して、羞恥心を乗り越えて話し始めるのでした。私のほうでは、羞恥心の告白を、転移のなかで何かが覆われていることを示す指標であると捉え、次の面接で寝椅子に横たわるよう提案すると、彼はおとなしく受け入れました。

アロンソは話の前置きとして、この空想の意味の解読に成功した暁には、自分は大きな進歩を遂げると確信していると述べました。ある男性――たいがいはアロンソより年上――と彼の前に、彼女がほぼ裸で現れて、最終的に彼女はその男とセックスをする、それはまるでその場面の演出指導をしているようなアロンソの視線のもと、行われるのでした。この空想に出てくる女性はだいたいは最初の彼女でした。この性的場面は現実にこの女性と彼の親友のひとりの男性とのあいだで起こったことでした。とは言え、セックスで終わったわけではありませんでしたが。「僕はその演出家で、彼女は裸になり、誰かがそれを見ているんです」。この場面は消去できないイメージとしてのステイタスを持っていて、幻想のシナリオに一貫性を与えています。主体は窃視者の位置にいて、このシナリオによって女性にたいする性的欲望を支えているのです。

そのあと彼は幼かった頃のことを思い出しました。自分の寝室の隣で両親がセックスをしているのを、彼は眠りつつも聞いていたのです。彼は驚いて言います。「それがこんなにも僕に影響を与えているとは思いもよりませんでした。これはエディプス・コンプレックスに違いありません」。少しして彼が最初の彼女と別れると、制止と贖罪の儀式の出現によって特徴づけられるある時期が始まりました。これは彼が責任者になりたい、ある音楽グループに所属する「若者」であることをやめて、勉強と仕事に専念したいと思った時期でした。「父の死後、僕は責任者にならざるを得なかったのです」、そう彼は主張しました。彼は母親については大げさで、いつもの言葉づかいとは対照的な少し生々しい言い方で語りました。「父の死後、彼女はその馬鹿を埋葬したのです。うちはとても伝統的な家族で、女たちは家にいました。でも、事実上は母権制でした。僕は子供たちのなかでも一番自立心が強いらしかったのですが、でも父のそばにもっとも長くいたのも僕で、父に一番似ていたのも僕でした。母方の祖父には警察に勤める友達がいて、指紋の研究をしている人だったのですが、僕と父の指紋はほとんど同一だということでした。僕は〈君は彼の息子だということを否定できないだろう〉と言われていました。兄弟でふざけているとき、父は僕を真っ先に呼び、事情を訊くようなことは後回しにしていきなり僕を殴りました。僕は父を愛していて彼みたいになりたかったけど、同時に父を憎んでもいました。父は僕にこう言っていたものです。〈俺は、自分のことのようにお前のことを見てるから、お前も自分のことのように俺のことを見ろ〉[4]」。このフレーズは父親が繰り返し口にするものでしたが、父‐息子関係を純粋に想像的な次元に位置づけるものです。

このとき、父が登場する夢が生じました。「それは僕が育った家のなかでした。父が車で到着すると、誰かが運転していて、父は後方のシートにいるのですが、外交官のスーツのようなものを着て非の打ちどころのない恰好をしています。僕の見るところ、彼はおよそ35歳でした。夢の雰囲気はマフィアみたいな雰囲気で、『ゴッドファーザー』の映画のなかのようでした。彼はマフィアの大物で、僕たちは彼をものすごく恭しく迎え入れます。家に入ると彼はスケジュール帳みたいな紙を取り出して、僕たちから見ると彼がうまく

4　（訳注）原文は以下。«Je te vois tel que je me suis vu, tu me vois tel que tu te verras» 直訳すると「俺は俺が自分を見たようにお前のことを見ているし、お前はお前がお前自身を見るように俺のことを見ている」。

やれなかったことを列挙し、彼はそれを読みながら感極まっています」。この夢にまつわる連想でアロンソが主張したのは、父には罪はない、父はある時代の、あるメンタリティーの産物であり、父自身が自らを見る一つのやり方の産物でしかないという感情を目が覚めたときに持っていたということでした。とても頭が固く、望むものを手に入れるのが習慣となっている人たちからなる家族のなかで、父はもっとも個性的な人物でした。「この名前を持つ人はみんな本当に手に負えない人たちなのです。父もそうで、よく癇癪や暴力沙汰を起こしては、後悔していました。殴られるのはいつも僕でした。というのは僕は父が耐えられないものすべてを、彼に思い出させてしまうからでした。父は彼の兄弟姉妹のなかで一番頭が良かったのですが、一番の怠け者でもありました。能力があるせいで努力しようとはせず、父は僕が彼と似ていると思って、それで僕に我慢ならなかったのです。父は精神分析を知らなかったのですが、その点を除いては、僕は父にほぼ完全に同一化していると思うし、僕たちはすごく似ていると思っています」。

ある日彼は父と殴り合いそうになりました。父は夜遅く酔っ払って帰ってきて、母に襲い掛かりました。アロンソが叫び声を聞いて起き上がると、まさに父が母に殴りかかるところでした。彼は母を守ろうとあいだに立ったのですが、もし必要なら自分が父を殴ってやったのに、と言います。もし父があんなに早く死ななければ、両親は確実に離婚しただろうと彼は考えていました。両親の関係はとても葛藤の多いものだったからです。

アロンソは恋人にたいして、両価的な感情を強く持っていることを告白しました。彼は彼女を愛していると言いましたが、同時に彼女が過去ほかの男性たちと付き合っていたことで「汚されて」いるとも考えていました。彼女が口にする母親になることへの欲望も、彼にとっては気がかりでした。彼女といるとアロンソはよく一番下の妹について思い出しました。「彼女たちは家事が好きな女性ではないのです。僕の彼女は外では魅力的ですが、親しい間柄ではすごく控え目です」。彼はこの妹のまえでよく裸になることが好きだったこと、彼が13歳のときにはよくバスローブを半開きにして浴室から出てきては、家のなかを歩き回っていたことを思い出しました。

「すべてをあなたのために？　それは可能ですか」

カップル間に問題がいろいろあったにもかかわらず、彼は彼女のすべてでありたいと欲し、彼女が彼にとってすべてであって欲しいと思っていました。「すべてをあなたのために？　それは可能ですか」。私は彼に問いました。「いいえ、それは不可能です。しかもそれは良いことでもありません」と彼は答えました。

この解釈の効果はすぐにあらわれ、少し前から考えていたことについて、決心を急がせることになりました。それは彼女と別れることでしたが、その結果、彼は深い安堵を覚えたのでした。いま彼は女性全般に、ひとりひとり、次から次へと……興味を移しています。まだ思いを馳せることがあるとしても、カップルになりたいとか家庭を作りたいと努力することはやめて、事実上嫉妬はほとんど消え去りました。この「女性のすべて（tout de la femme）」への切望――これが病的嫉妬の原因であり誘因です――が失墜したことは、今までの治療で得られた効果の最良のものでした。

家庭を作るという計画を、もう彼は自明のものとは考えなくなりました。なぜならそれは彼にとり相続人を持つ義務を想定させるからです。子供には結婚して家庭を持ってほしいと願っている母親を欲求不満にさせているとは知りつつも、彼は自分が父親となり、何かを次世代に残すことができるとは、考えていませんでした。

自分は同性愛者ではないかという疑念がときどき頭をもたげるのでした。彼は『アナライズ・ミー』という映画を観た、そのなかでマフィアが精神分析家に、もし同性愛であることを発見したらお前を殺すと言っていたと述べます。彼の空想に登場するもうひとりの男にたいする興味が自分にないかどうかや、彼女の過去の恋愛関係にあまりにも苦しんだからこそ自分が演出家を気取っている空想によってその埋め合わせをしているのではないかと、彼は自問していました。

彼は14歳のとき、友達の男の子といっしょにいる同性愛の夢を見たのを思い出します。夢の中身は思い出せないにもかかわらず、そのせいである種の懸念を彼はつねに持っていました。分かっているのはただ、その友人の寝室で起こったことについてです。隣人の家のプールでビキニ姿で泳ぐ女の子たちを、ふたりでこっそりと観察していたということでした。よく夢で蛇だか鼠だかがベッドのなかにいるのを見て、暗闇のなか、驚いてベッドから飛び起きたことも、彼は思い出しました。

彼は性的な幻想を嫉妬の裏面のように解釈しましたが、そのおかげでこのとき症状の置換が起こりました。症状は嫉妬から性的幻想に置き換わり、つまり幻想の症状化が生じました。同時に、一連の女性たちへの彼の好みも強固なものになりました。この期間、彼の女性関係は一時的で将来の約束を伴わないものでしたが、諍いが生じることもなく女性をとっかえひっかえしていました。「すべての–女性（femme-toute）」への郷愁が全くないと言ったら嘘になったでしょうが、もし仮に「すべての–女性」が存在するとしても、そのような女性は、彼の分身のようなものでしょう。

別の空想がこのとき現れましたが、それはハーレムの構造に相応するものでした。彼は『インタヴュー』という雑誌のなかである写真を見つけたのですが、そこにはとても綺麗でくつろいだ格好をしている19人の女性が掲載されていました。そこで彼は、女性ひとりひとりに、自らの女性遍歴を重ね合わせて役割を割り振りました。ある女性は妻であり、つぎの女性は魅力的な愛人、そのつぎは行きずりの愛人たち、またそのつぎはかつての恋人たちというふうにです。なかには昔彼が好ましく思っていた、以前の職場の同僚たちもいました。それから彼が非常に若い頃、家で働いていたふたりの使用人だとか、友人の妻や娘などもいました。「それは過去と未来の女性コレクションに相当するものでした。19人いる女性のうち、僕が拒絶したのはふたりだけで、すごく堅い性格で僕を魅了しなかったからでした。ここから分かるのは僕自身の浮気性のことですが、僕はそれをほかの人に属するものとみなしているということですよね」。

こういった発言のなかにはフロイトの１９２２年の論文「嫉妬、パラノイア、同性愛における神経症的なメカニズムについて」の二番目の症例を思い起こさせる、嫉妬の解釈が存在します。「第二層の嫉妬、あるいは投影された嫉妬は、主体が人生のなかで犯した自分自身の不貞から来ているか、抑圧に埋もれてしまった不貞への衝動から来ている[5]」「おそらくそのような投影に源泉を持つ嫉妬はほとんど妄想的な性質を持っているが、しかし嫉妬する者自身の不貞の無意識的幻想を発見する分析的作業には抵抗しない[6]」。しかしこの投影を超えたところでは、不貞にまつわる嫉妬というものは、本質的に、大他者の欲望にかんする一つの問いかけであると私には思われます。嫉妬の、ある次元は、投影の対称性とは関係のないものなのです。彼女は何を望んでいるのか。この根本的な問いとその返答の不確実性が、嫉妬を生む憶測と苦悩とを育ててしまうのです。

この時期の分析で彼は安定したパートナーを持ちたいとか家庭を作りたいなどの以前の考えから徐々に遠

---

5 （原注） Freud, Sigmund, «De quelques mécanismes névrotiques dans la jalousie, la paranoïa et l'homosexualité» (1922), *Névrose, psychose et perversion*, Paris, PUF, 1973, p. 272.『フロイト全集17』須藤訓任訳、岩波書店、２００６年、３４４、３４５頁。

6 （原注） *Ibid.*, p.273. 同書、３４５頁。

ざかる一方で、他方では嫉妬の投影的側面の主体化（洞察）が進みました。しかしこの主体化のせいで彼は自分の死にかんする考えを持ちはじめ、めまいを起こすようになります。『めまい』という映画に登場するジェームス・スチュワートに同一化した夢を見て以降は、めまいの感覚は自分の歩んでいる人生と、何らかの関係があるのだと考えるようになりました。彼は今もし死んでしまったら、自分の人生はむなしく、快楽主義的なものだったろうという印象を持ちます。何も信じず、家庭を作ることもなく、子供も持たず、何も伝達しないならば、いったい人生とは何なのだろう？「もし何も生み出さないなら人生には意味がありません。時間がどんどん加速しているように思えて、あたかも僕たちを死に引きずり込む渦巻きのなかにいるようです。家庭を持つ計画は、僕にはますます不可能に思えます。今僕はこう考えています。昔の彼女たちとそうなってしまったように、もし結局のところ家庭を粉々にしてしまうなら、そんなものは作らないほうがましだ、と。昨日僕は絶対に結婚しないよと、母に言おうと思いました」。

〈夢〉

彼が最近見たと言う、かなり長い夢をお話しします。彼が言うには欲望がぎらつく雰囲気がとても印象的だったとのことです。患者はこれを〈夢Le rêve〉[7]と呼んでいますが、それは「すべてがそこにある」からだそうです。彼があまりに重要だと言うので、私は彼が伝えたすべてをそっくりそのまま、書き留めておきました。「僕はある女の子とセックスをして、彼女はディスコ・レストランに働きに行かなくてはなりません。僕たちはいっしょに行き、彼女は飲み物を提供しはじめます。僕は彼女とセックスした後の大きな心地よさと、そこにいることからくる深い安らぎを覚えています。二つの階があり、一つはレストランの階で、もう一つはディスコの階でした。僕は彼女が働きながら行ったり来たりするのを眺めつつ、大人しく一杯やっていました。僕は女の子たちとたくさん話していて、一時は、彼女たちのひとりとセックスをすることさえしました。すべてがうまく行っていて、僕は水を得た魚という感じでした。突然僕は立ち去りたくなり、外に出るのですが、どこに車を停めたのかが思い出せません。車を探しているとき、ふたりの男性が男の集団に滅多打ちにされて、地面に倒れているのが見えます。僕は近づき、割って止めに入ります。僕が救ったふたりの男性はゲイバーに一杯飲みに誘ってくれます。彼らはとてもいい奴らで、僕も彼らにたいし偏見を持ってなくていい奴でした。ただその内のひとりの子は何かをほのめかすように僕を見ていましたが。僕は居心地が悪くなってきて、さっきのようにそこもまた立ち去りたいと思います。外に出て自分の車を探し続けます。突然僕はヒンズー教徒っぽい僕より年上の男性に出会います。彼はガンジーに似ていて、膨らんだ大きな長ズボンをはいています。突然彼は自分は死にかかっていると言って、大きなズボンを脱いで彼の陰部を見せるのですが、そこには睾丸がなくて、かわりに傷跡があるのが見えます。彼は傷跡を僕に見せて、〈このせいで俺は死ぬ〉と言います。僕は立ち去り、デモ行進に出くわし、大変な騒ぎになっていますが僕は彼らとともに行きます。とそこで目が覚めました」。目は覚めましたが、夢うつつの状態で、彼は最初の彼女と、次に彼の友達の元彼女と、セックスをしている夢を見るのでした。

この夢によって導かれる連想のなかで、彼が「僕自身の神話」と呼ぶものの諸要素がまたしても現れています。彼の誘惑者の側面、綺麗な女の子たちのあいだを、そのなかのひとりとセックスをした後に気取って歩くそのあり方。それから通りの乱闘における仲裁――そこで彼は滅多打ちされていたふたりの男性を救って、栄《は》えある勝利を収めました。ゲイの男たちといっしょにいるときの、まあまあの幸福感――自分をゲイ

7（訳注）数多く見る夢のなかで、もっとも代表的なもの。

の一員として数えることはないと考えているにもかかわらず、彼は居心地もいいし偏見も持っていないと言っています――そのおかげで、自分が同性愛者なのではないかという疑惑には根拠がないと考えるようになったのでした。

連想を生み出さない、唯一の夢の断片は、ガンジーという人物によって象徴化されている父性的な人物像が現れる箇所で、睾丸があるべきところに傷跡が書き込まれていてその男が傷跡を見せるという箇所です。

結論として彼は述べます。「僕の神話は僕の夢のようです。最後に僕は自分のものではない女性ふたりといっしょにいますが、これは許容できる欲望ではありません。僕の嫉妬の症状は、この許容できない欲望からきています。この幻想を僕のパートナーに投影すること、つまりパートナーが享楽するのを僕が見るということが同性愛的な欲望なのではないかと僕は恐れていたのです。けれども、今は僕が投影しているものが許容できないのだと分かります。それは浮気です。僕は浮気者で、禁じられているふたりの女性を欲望しているのです。しかし僕はこの浮気をパートナーのなかに位置づけています。つまりこの浮気の欲望が僕には許容できないので、彼女にその嫌疑をかけて、許容できないことをするのはまさに彼女のほうだとしているのです。結局、嫉妬はたくさんの女性といっしょにいたいという僕の欲望の表現なのです」。彼は夢に二度出てきた、バーから急いで立ち去るということを、現実生活のいろいろな要素に結びつけました。彼は誘惑に負けないようにそういう場から急いで立ち去ることがよくあったと言います。それは「バーには視線と嫉妬の駆け引きが存在する」からでした。

このとき私は介入しました。「あなたはこの夢に基づいて、幻想を解釈しました。あなたが受け入れられないと考える欲望を、パートナーに投影しているということです」。これにたいして彼は答えました。「それはそういう欲望が、錆びた甲冑で遍歴する騎士と、矛盾するからなのです。僕は何をすべきなのでしょうか。

これらの欲望にたいする手綱を緩めることでしょうか。これらの欲望とどのように僕は生きることができるのでしょうか」。私は彼に言いました、「どうやったらそれらの欲望を受け入れることができますか」。

そのとき、彼は二つの状況を語りました。彼が好ましく思い、かつ性的な出会いを思い描いたことのあるふたりの女性がいたのですが、そのそれぞれとその週を過ごしたという話です。ひとりはメイドで、もうひとりはホテルの従業員でした。私はこう言って面接を終わりにしました。「遍歴する騎士……ちょっとドン・キホーテみたいな……」。

分析のなかでこれは彼の問題設定の主体化の瞬間であり、夢から明らかになった無意識的な動機の主体化の瞬間でした。つづく面接で彼は打ち明けます。「夢は僕が認められなかったものを認めるのに役立ちました。僕はあの衝動の力を理解するには至っていませんでした。今に至るまで、僕はすべてを自分史、子供時代を中心に位置づけてきましたが、突然何かが爆発して、この衝動の重要性を認めるよう僕に強いるのです。夢のなかで、僕は自分が望む人といっしょにいるという完全な自由を手にしています。このことは僕の幻想が何を意味しているのかに関する問いを解くものです。つまり、僕が愛する人物にあの浮気の欲望を投影しているということです。（中略）……これらの欲望をいったん認めたあとは、何をしたらいいのでしょうか。僕は欲望を方向づけることについて語っているのですが、あなたは僕に受け入れることについて語りましたよね。受け入れ可能な形でこれらの欲望を方向づける必要があるのでしょうか」。ここで面接は終わりました。

次の面接でまた別の夢を持ってきますが、今回は大変短いものでした。「母に男友達がいて、そのせいで僕が嫉妬しているという夢を見ました」。この夢は彼にはとても明快なもののように思われました。私は彼に言いました。「はっきりしていないのは、あなたのお母さんが男友達を持っているということです」。彼は前の週に起こったことに関連づけました。彼は故郷の母の家にいて、母を年老いたなと思った一方で、他方では彼は母の家という巣から出るに至っていないのでした。「母に彼氏を見つけて欲しいと思っています。でもそれは父みたいな人じゃなくて、いい人で、ちゃんとした男の人です。そうすれば母は子供たち共通の準拠であること、すべての荷をつねに担う人であることも、やめられるでしょう」。分析のこの時点で、彼は母の去勢に対峙していたのです。

　この症例から引き出される問いとは、この主体の臨床的構造の問いです。神経症？「ふつうの精神病（psychose ordinaire）」[8]？夢に登場する父性的な人物像の、睾丸のかわりにある傷跡をどう読むべきなのか。去勢の傷跡なのか、それともファロスの排除と見るべきでしょうか。私は討論のためにこれらの問いを開いたままにしておきます。

　分析態勢のなかで得られる迅速な治療効果についてのこの「会話」が提出した展望に立って、結論として私が申し上げたいことがあります。この主体におけるもっとも重要な治療効果は、母の命令――家庭を作ること――これは「すべての-女性」という人物像に結び付けられていました――の失墜です。女性のパートナーと家庭をもって「一をなす」（*faire-un* avec la partenaire et la famille）ことへの切望が消え去ったことで、彼は深い安堵を覚えました。それは女性たちにたいする彼の欲望の正当性にかんするある知を、伴うものでもありました。

【討論】精神病の男性

オラシオ・カステ　要約しましょう。この男性は自ら病的とよぶ嫉妬の症状のために相談に来ました。おそらくこの症状はある不能にその根源があるのでしょうが、症例のテキストでは言及されておりません。しかしながら不能という見かけ（le semblant）は、彼が自分がエゴイストであるとか自分のエゴを主張するのに他人を征服しようとすると言うとき最初から提示されており、これは症例の方向性にとり決定的なことであるように思われます。想像界の増殖は印象的で、治療指針全体を支配するものです。このことから、いくつかの点が明らかになります。「演出家。彼女は裸になり、誰かが見ている」という定式についても同じです。たぶんこれは根源的幻想と形容できるものでしょう。この場面に関する連想もまた、想像界の方向に向かっています。しかしこのフレーズが示しているその構造は、治療が進むにつれ崩壊します。同様に、嫉妬にも二つの側面があります。アマンダ・ゴヤは「浮気者の嫉妬はその本質において大他者の欲望にかんする干渉である」と言っています。ここで問題になっているのは大他者の欲望についての問いというより、抑圧され、カップルに投影された、主体の欲望の問いです。この問いをめぐってこそ、分析の第二の周期が行われまし

8　（訳注）陽性症状を伴わないが言語の機能の観点などから見て精神病と考えられるものを、ラカン派はこう名付けている。精神病の下位区分にあるカテゴリー。

た。第一の周期は彼が婚約者と別れるところで終わったように私には見えます。このときに治療が中断することもあり得たでしょう。嫉妬の症状は消え、一つの問題は解決したからです。しかしながら彼は問い続けました。アマンダ・ゴヤはこの主体の臨床的な構造の問いを提示し、それは開かれたままになっています。この問いを議論することができるでしょう。

アマンダ・ゴヤ　想像的な増殖が自我の問いを巡っているということに、私は賛成いたします。彼はよく「ひとかどの人間である」「あるがままの自分、もしくはこうありたいと思う自分でいる」「ひとびとに見られているような自分でいる」とは何を意味しているのか、自問しています。この疑問全体は、他者にたいする彼の自我的な見かけにおいて、彼自身が占める場所に関して、展開されています。彼はあるとき自分の自己愛についてすら――精神分析の本をいくらか読んでいるのです――あたかも自分が自己愛の病人であるかのように語っています。

ひとりの女性が裸になり、彼はその演出家であるという定式は、確かに幻想を言いあらわしたものです。彼にとって一つの絶対条件であるとすら言うことができるかと思います。というのは女性といっしょにいることができないとか、いつも自分がこの幻想を携えているせいで自分が不能であると感じるとさえ、彼は言っているからです。彼は幻想が女性に近づくのに必要な想像的なスクリーンであるということを自覚していますが、この幻想があまりに固定されているために、ある意味、幻想を解読できたにもかかわらず、それは享楽を得る絶対条件でありつづけているのです。

彼が分析にやってきたのは嫉妬という症状のせいでしたが、これは、解釈によって迅速に消え去りました。彼にとっては投影のメカニズムの発見が、自分の身に起きていることを理解する読解の鍵となりました。自分の嫉妬は彼自身の浮気の欲望が投影されたものだと彼は考えています。つづいて、ほかの現象を読むにも彼はこの鍵を使っています。たとえば、威圧的で思い上がっているという理由で好きになれない上司について、「彼に会うことができないのは、たぶん彼が僕自身のなにかを反映しているからだと思います」と述べています。

想像的な投影を超えたところに、彼を不安にさせる問いが提出されています。それは大他者の欲望についてで、これを彼は解決できないでいます。

それでは婚約者と別れ嫉妬の症状も去ったときに一つの周期が終わったと、私たちは言うことができるでしょうか。あのときは、幻想の症状化が存在していて、つまり彼には常に幻想がつきまとっていてそれが問題になりはじめていたということに、私は注意を促したいと思います。彼は自分がこの幻想のなかに囚われていると感じ始めていました。彼は自分をそこから解放することができないものとして、幻想を語り始めていました。

臨床的な構造については、治療効果にかんする本日の「会話」の直接のテーマではありませんが、ラカンの後期の教えから考えてみたいと思います。症例の現象学においては、精神病のいかなる指標も見つけられないのですから、数年前までなら私は同じようには問いを提出しなかったでしょう。この問いを提出するためには非常に繊細な基準をもって、事細かに症例を検討してみなければなりません。私はこれは〈ふつうの精神病〉[9]のなかで叙述されているような、「まれな症例」であろうと考えています。その本のなかでは「大他者からの切断《débranchement de l'Autre》」という言葉が用いられています。この主体にそれを適用してよいと思われます。彼が女性のパートナーと別れるとき、大他者から自分を切断して、自分の殻に閉じこもり

---

9 （原注） Irma, *La psychose ordinaire*, Agalma-Le Seuil, Paris, 1999. Réédition, mars 2005.

ます。それまでとても気に入っていた人付き合いを放棄し、この社交性をまるごと一種の「自閉症」に再転換して、孤独な計画に没頭するようになるのです。それが治療の現段階なのですが……。

ピエール＝ジル・ゲゲン[10]　一つ前の症例が私にとってハンス少年を思い起こさせるものだとすると、この症例はむしろ「狼男」[11]になります。そのうえ、フロイトは原光景についての語りを決して得ることができなかったため、彼にとって「狼男」は分類不可能な症例でした。フロイトのこの患者にとって、幻想はある原光景を巡っていて、「後ろからの」（a tergo）女性への挿入——それは彼の問題提起のなかで中心的位置を占めていました——を伴ってもいました。すべてがそのことを示していました。この症例には何かそういうものがあり、彼が原光景と対峙するとき、トラウマが出現しています。女性に出会うのに彼が用いるという幻想の使い方のなかで、このトラウマの二つの側面を区別すべきです。その場面における第三者——ふたりのあいだで場面を見ている彼——と、それから大他者——彼を裏切り、彼の信頼を失った存在——との、二つの側面があるのです。私にはそれをどう解釈したらいいのか、正確には分かりません。たぶん、母を裏切る父としてでしょう。しかしこの点、彼が母に同一化しているという確信は持てません。何故なら彼は悪い大他者、彼が信頼することのできない大他者に、出会っているからです。まるで彼が「見捨てられた（laissé tomber）」ときのように。そのことを彼の女性との接し方に見てとることができます。彼は幻想という防衛を持っている一方で、彼を裏切り迫害する大他者につねに関わりを持っているのです。

アマンダ・ゴヤ　幼少期の場面では、彼を裏切る大他者は父親であり、患者は裏切られた母のほうに同一化しています。しかし女性のパートナーとの関係では、裏切るのは女性のほうです。嫉妬の急性期においてはじまる被害感は、女性から来るものです。彼は女性の持ち物をすべて検査します。鞄、鍵、引き出しなど、日用品とか、女性の浮気の証拠となるような何らかのしるし、一本の髪の毛などを探し求めます。

ピエール＝ジル・ゲゲン　すばらしいと思うのは――それが私には大変気に入りました――彼が発見した「浮気者なのは僕のほうです」という表現によって得られる解決です。私が思うにこれが彼にとって一つの刺し縫いの点（un point de capiton）なのです。これは〈父の名〉のような象徴的次元の刺し縫いの点でしょうか、それともたんに想像界と象徴界の交差点にある自我的なものでしょうか。この刺し縫いの点がどのように機能しているのか、正確に知ることは難しいように思います。彼は他者たちに浮気性を投影していますが、自分を「浮気者」として叙述することもあり、これはまさに彼の父親の位置なのです。私は彼の人生でこれが〈父の名〉として、自らを支えるうえで役に立っていないだろうかと、自問しています。

アマンダ・ゴヤ　そうですね、私もそう思います。それは気に入りましたが、私には思いつきませんでした。

エステラ・パスクヴァン　主体は自ら病的と形容する嫉妬のために相談していて、フロイトの本もいくらか読んでいると言っています。けれども主体の人生の不幸から考えると、この症例は私には完全にラカン的な気がします。ラカン的という意味は聖アウグスチヌスの嫉妬についてラカンが語っているからで、それも彼は教えている期間、ずっとそれについて語っていました[12]。この症例で私が注目するのは、主体にはふたりの父がいることです。彼自身の父親と、代父のことで、このふたりは双子です。おまけに主体は伯父の名前と苗字を持っています。そういう理由で彼は父に対して双生児的状況にいる自分を見出しているわけで、父も

10（訳注）「ある幼児期神経性の病歴より〈狼男〉」須藤訓任訳、『フロイト全集14』岩波書店、２０１０年。
11（訳注）症例「狼男」においては、狼男が語る諸要素から、フロイトが狼男の「原光景」を作り上げたという意味。
12（訳注）ラカンはアウグスチヌス『告白』第１巻第７章の個所を取り上げ、幾度となく（「欲望とその解釈」「同一化」「精神分析の四基本概念」「アンコール」等々）注釈を加えている。

完全にそう言っています。「俺は、自分のことのようにお前のことを見てるから、お前も自分のことのように俺のことを見ろ」。祖父の友人男性は探偵か、いずれにせよ警察に大変近い人物で、指紋の専門家だと彼は言っています。この人物が、アロンソが父親とほとんど同じ指紋を持っていると言ったのかも知れません。アロンソ自身も捜査官になって、痕跡とか指紋とかを探しているわけです。この症例は私にはまったくラカン的に思われます。それはあの幻想の場面の3——彼、他者、そして母——が、聖アウグスチヌスの観察の「3」でもあるからです。そのうえ、『アンコール』のなかで視線の機能について、ラカンは「嫉妬享楽(jalouissance)」[13]、嫉妬の憎しみについて語っており、そこでこの「3」は「一者(l'Un)」と視線対象とに、還元されています。[14]

アマンダ・ゴヤ　今のご指摘は精神病であるという診断を確認することになりますね。幻想に現れるあの双生児性が基本的に想像的な次元に属しているのと同様に、父との関係は想像的な次元においてしか関わっていないのです。

エンリック・ベレンゲ　この症例の検討より前に私たちが話したことを用いて、治療効果をいろいろ区別することができます。たとえばある同一化からべつの同一化への移行の効果について語られました。それはつまり、私たちが周期というものを諸変容によって定義できるということであり、変容を私たちは特定可能だということです。この症例では、主体の位置の変化は「僕は浮気者である」という定式に要約されるでしょう。ピエール＝ジル・ゲゲンが言ったように、この定式では一つの同一化が問題となっていますが、どんな同一化でもよいというわけではありません。この同一化は一方で父を参照しているものですが、他方、主体の享楽にも触れています。おまけに、主体による修正の効果もあると思います。女性的他者(l'autre féminin)に割り当てていたあの享楽、浮気者であるという享楽を、彼は引き受けているように思えるからです。このことが重要であると思うのは、精神病の主体は自らの享楽の一部を引き受けるのが困難なことがよく見受けられるからです。迅速な、あるいは迅速でなくても、治療効果については、私たちはどこまで語り得るのでしょうか。というのも長期間にわたる治療においてもまた、主体が自らの享楽の何かを考慮に入れた、一つの同一化を引き受けるという結果を得ることができたとき、治療効果が観察されるからです。シュレーバーの症例[15]では、彼が「女性になったらどんなにすばらしいだろう……」という幻想のなかで現れている享楽を引き受けるに至ったときに、なにか似たものが存在しています。ここにはより迅速な何かがあるでしょう。症例はこのタイプの効果を得る方法に関しての、一つの指標を与えてくれているように思います。主体が自分の享楽の一部分に対し、一つの名前を見つける方法に関して、そしてそれと相関した形で、大他者——主体を迫害するもの——における享楽の位置特定を断念する方法についての指標です。

ヴィセンテ・パロメラ　診断の問いについて進めたいと思います。アマンダ・ゴヤはその症例で「すべての女性（la femme toute）への郷愁」を参照しています。私はこれからある考察を述べますが、あとでアマンダに意見がもらえたらと思います。嫉妬のうち一番妄想がひどい点は、つねに「彼ら全員が彼女を欲している」あるいは「彼らは全員彼女を愛している」ということに焦点づけられている点です。これが嫉妬する男性による、〈女性なるもの〉（*La* Femme）——すべての男性にとり、欠けている女性——を発明するやり方な

13（訳注）J. Lacan.Le Séminaire.Livre XX *Encore*, Seuil, Paris, 1998, p.91
14（訳注）*Ibid.*, p.47.
15（訳注）「自伝的に記述されたパラノイアの症例に関する精神分析的考案〈シュレーバー〉」『フロイト全集11』渡辺哲夫訳、岩波書店、２００９年。

のです。この症例で〈女性なるもの〉を存在させる方法をはっきりと見ることができますが、それは証拠を積み上げたり、罪責感の証拠であるしるしを偽造したりすることによってなされています。妄想的な側面が現れるのは、被害妄想や復権妄想としてではなくて、他者を打ちのめすようなしるしを探すという点なのです。この男性は他者を告訴しようと努める探偵です。「正常な」嫉妬の症例では、嫉妬する者は自白も追求します。一方この症例では、証拠のねつ造が中心なのです。〈女性なるもの〉への駆り立て（pousse-à-La-Femme）[16]による結果なのではないかと、私たちは考えることができます。これは精神分析が導入する革新と矛盾しているわけではありません。嫉妬する者の対象となるのは女性ではなく男性であり、男性ライバルへの関心が問題となっているのですから。証拠がそろえばそろうほど、すべての人の注目の的である〈女性なるもの〉が描かれるというわけです。〈女性なるもの〉は、かくして最上のステイタスにまで高められるのです。その陰に、ライバルの男性が存在しています。そしてここにこそ、解釈妄想から被害（迫害）妄想への方向転換が位置づけられるのです。

アマンダ・ゴヤ　最後は離別で終わるあの段階に入るとき、何かが完全に彼にとって耐え難いものになったことからすると、女性が彼を責めたてているというのは確かに明らかです。この責めたてのせいでどうしてよいのか分からないような不安の極みに彼は沈み込むのですが、彼が見つけた唯一の防衛手段が女性と別れるということなのです。しかしつづいてべつの周期が始まります。彼は別れ、人付き合いから身を引きますが、またべつの女性に出会います。そして彼は再び口説きます。これは宮廷風恋愛、遍歴する騎士の時間で、そのときすべては素晴らしいのですが、それも新たに第三者が出現するまでのはなしです。つづいて女性の人物像が脅かす者へと変わるような兆候がやってきて、彼女と別れなければならなくなります。このように読解を進めると確かに「〈女性なるもの〉への駆り立て」について考えることができるでしょうけれども、それが頂点に達することは決してありません。この男性が解決策を見つける、つまり女性との関係を中断するということが起こるからです。

ルシア・ダンヘロ　ヴィセンテ・パロメラの意見は私にはとても興味深く、それに沿った意見になりますが、臨床的な構造の問いの向こうにある、この男性が症状から作っているすばらしい利用法を強調したいと思います。この男性は症状から生業《なりわい》を作っていますよね。私立探偵としての彼は有能なのでしょうか。

アマンダ・ゴヤ　彼からの情報は少ないのですが、それによれば有能なのだと私は思います。でも彼は転職しようとしていて、今度は税関の検査官になろうとしています。職業のなかで自分の地位を保つことは、精神病の臨床的発症を阻止するホチキスのようなものでしょう。つまり彼は仕事のなかで昇華を得ることに成功しました。私立探偵が自分の時間の90％をその仕事に費やすのと同様、彼もたえず浮気者たちを追跡するよう雇われています。これはとても成功した症状です。幼少期から彼はこの活動に身を捧げるべく犯罪学を勉強したいと強く思っていました。これは大変早い時期になされた選択でした。

ルシア・ダンヘロ　それが彼の結び目なのです。

ミリアム・コルヌ　彼は一つの場面を二つの側面で用いています。見捨てる父という側面――これは3世代

16（訳注）　ここでパロメラが言う「〈女性なるもの〉への駆り立て」とは、直前にベレンゲが言及したシュレーバー症例のそれ（*Autres écrits*, p.466）とは異なる。すべての男性にとっての渇望の対象であり、かつ、すべての男性に欠けているような（そんな女性は世の中に存在しないのだから）女性（＝〈女性なるもの〉）を存在させようとする（もしくはその存在を確信させる）、病的嫉妬者において働いている「駆り立て」のことである。また、病的嫉妬者の対象が女性ではなくライバルである男性となること、ライバル男性が、このようなパラノイア的主体の妄想のなかで迫害する者となることを、ここでパロメラ氏は述べている。

に渡って繰り返されました――と、双生児性の父の側面――「彼は僕を自分と同一であると見ていて、だから彼には僕が我慢ならないのです」と彼は言っています――です。指紋がほぼ同一であるという考えはほとんど妄想的と言えます。それによって、彼は自分に一つの〈父の名〉（un Nom-du-Père）を構成しようと努めています。そして彼自身、何かを残すことができないので、父親になることができないと認めています。受け継がれるものがないという事態が3世代続いたのだと私には思われます。そういう理由で彼は自らを父親として位置付けられないのです。

アマンダ・ゴヤ　父親が彼を見捨てたと言うことは正確にはできません。彼は父をむしろ分身（alter ego）としています。彼は父と少しばかり攻撃的な関係を持っていますが、彼によれば、ふたりとも互いにそっくりだと思うそうです。「僕は結婚ができません。」父親であるということはある遺産を伝達するということを想定していることですから」と言うとき、そのことは彼をとても苦しめています。実際、母の欲望にたいする裏切りであると彼は感じています。母は確かに子供たちみんなが結婚し家庭を持つことを望んでいます。しかしこの母の命令、結婚して子供を持つ計画をあきらめて、そのことが引き起こしていた苦しみを受け入れて以降、彼はだいぶ穏やかになりました。彼は擬似的な去勢――それらの計画すべてが自分のためになるわけではないし、持続的なカップルを作る以上に良いというわけでもない――を受け入れました。最近彼は夢を持ってきました。夢のなかである女性が彼に話しかけるのですが、彼は拒絶しました。夢の連想のなかで、「いつかあの計画に挑戦することになるかどうか僕には分かりません」と彼は言いました。人生において彼自身の限界を認めることや、その結果を引き受けるといった何かが、ここにはあるように思います。

シューラ・エルダー　ガンジーが出てくる夢で、睾丸の上のマークについての言及がありました。私が興味深いと思ったのは、完全に睾丸を剥ぎとられた男性が問題になっていることで、その傷跡が生殖に関わる性器の部分に書き込まれていることです。たぶんこれは父親になれないことの何かを主体が引き受けた点に関わっているのでしょう。確かにこれはミリアム・コルヌが注意を促したように、世代間の、もし私の計算が正しければ4世代に渡る伝達の歴史なのでしょう。ただたんに、ある父親がその名を息子に伝達しなかった、残さなかったという問題ではないのです。実際、アロンソの祖父は、曾祖父が認知するつもりで死の床に呼び寄せたとき、その名の受け取りを拒否しました。この症例では父親になれという命令が母方でしか問題になっていないのですから、なおさらそのことは重要です。それこそが彼にとって耐え難いものなのです。「すべての女性」や、母の過酷な命令が問題になっているにせよ、結局のところ〈父の名〉の脆弱性という問題が存在します。

ミケル・バッソル　この症例を読んで、ブニュエルの素晴らしい映画『エル』(*Él*)を思い出しました。ラカンはセミネールのなかで基本的な準拠として言及しています[17]。そして実際にそれはパラノイアとは何か、嫉妬妄想とは何かを把握するための準拠です。見かけ上全く正常な主体の人生において、ある妄想的確信が横断するのを、その映画は見せてくれます。症例においては、映画の最後の場面にまで現れる妄想的確信には出会わないと思いました。映画のなかでは、正常性に再統合がなされたと想定される長い年月を経た後でも、嫉妬妄想的確信は相変わらず存在しています。

症例で私が気に留めたのは彼が結論として述べている段落です。「僕の神話は夢と同じです。終わりに、

17 （訳注）セミネールではなく『エクリ』の「カントとサド」にある。またラカンが『エル』の上映会を精神科医たちのために開いたこと、ブニュエルに映画について長々と語ったことを、ブニュエル自身が語っている。Luis Buñuel, *Mon dernier soupir*, Paris, Robert Laffont, 2006.

僕はふたりの女性といっしょにいて……」。まるでフロイトのテキストの注のようです。この結末の明快さと命題の価値には非常に驚かされます。大事なのはそれが一つの解釈の結果であるというよりも、主体にとりそれが一つの命題を作っているということです。そうしてみると、私たちはべつの仕方で「僕は浮気者です」という一文を、読むことが可能になります。これはシュレーバーの「私は神の女である」のようなもので、フレーズに大変な重みがあるのです。これはピエール＝ジル・ゲゲンが注意を促すように同一化の等価物であり、〈父の名〉の機能を果たしに来るものです。より古典的な言葉を使えば父性隠喩の失敗と呼べるであろうものが、ここで生じているわけです。

そのことによりこの「僕は浮気者です」が、この男性の人生において担う機能というものが、理解できるようになります。それは地上のすべての浮気者たちを探すことにあるのです。これは浮気者たちによる一種の一般化した宗教を作るかも知れず、そこで彼は、（浮気した証拠を）探求する浮気者たちの普遍的シニフィアンとして、浮気者なるもの（L'infidèle）になるのでしょう。

ですから私はピエール＝ジル・ゲゲンに賛成です。古典的なスタイルのエディプス的同一化ではなくて、父性に近づくこと（父親になること）の不可能性の代わりにやって来るもののような同一化として、「僕は浮気者です」を理解することが、この症例の鍵なのです。すると見方ががらりと変わってきます。そのように読むならば、父親たちや女性たちといった想像的二重化（dédoublements imaginaires）が存在する理由を、理解できるようになるでしょう。この症例は、想像的二重化、双生児性の特徴から構成されていますが、これは想像界における一つの結果なのです。そしてその原因はと言えば、象徴界において〈父の名〉へのあの準拠を構成することが、不可能だったからなのです[18]。

ジャック＝アラン・ミレール　そうです。アマンダは父の文章を引用してそのことをほのめかしていました。

「俺は、自分のことのようにお前のことを見てるから、お前も自分のことのように俺のことを見ろ」。そしてコメントしていますね。「頻繁に繰り返されたこのフレーズは、父-息子の関係を純粋に想像的な次元に位置づけるものである」。

ミケル・バッソル　これは症例の現象学全体を彩っていて、ラカンが１９４０年代にすでに精神病者の強烈な同一化と呼んでいたもの[19]を理解させてくれます。

ジャック＝アラン・ミレール　結婚と父性は、この患者にとって接近不可能なものなのです。それはカフカを思わせます。結婚、父性の価値は、彼にとっても近づき得ないものでした。彼の『日記』のなかには、たぶん基底現象を知らせるような文章を見つけることができるでしょう。そして彼が文学に与えた神聖な価値は、彼にとって文学が一つの〈父の名〉であったということを教えてくれるでしょう。彼は『日記』でほぼそのように言っています。それは文学と科学のあいだに、精神病者のリストが横たわっているということです。精神病なくして人類にいったい何が残ると言うのでしょうか。精神病なくして、倒錯なくして、人類に何が残るでしょう？　精神分析家が少数と、誇大妄想的な政治家が少数、残るだけでしょう。

アレハンドロ・ヴェラスケス　症例の題名について伺います。「錆びた甲冑で遍歴する騎士」、これはある本の題名でもありますよね……。

18（訳注）〈父の名〉が「排除」されてしまったがために、父性隠喩の一種の補綴として、主体は他者との双生児性の関係を、想像的な次元において設立している。

19（訳注）象徴的「媒介のない」「熱中した」、想像的他者への強烈な同一化のこと。«Propos sur la causalité psychique», in *Écrits*, op.cit., p.172.「心的因果性について」『エクリⅠ』宮本忠雄他訳、１９４６年、２３２頁のあと。

アマンダ・ゴヤ　ええ、アルゼンチンでベストセラーになった短編[20]があります。患者が言ったことで分かったのですが、これは一種アンチヒーローの変遷です。錆びた甲冑とは、何かを望むけれどもそれを叶えられない人物の困難な状況を指した隠喩です。患者自身がそのように説明してくれたのですが、原題に少し変更を加えていました。原題は「錆びた甲冑の騎士」で、彼はそこに「遍歴する」を加えたのですが、それはドン・キホーテを参照してのことです。そういう理由で私は彼をアロンソと呼びました。というのも、世界での自分の行程がかなりドン・キホーテ風のものであると、彼が思っているからです。たとえば夢のなかで滅多打ちにあっているふたりの男性を救うとかです。あと宮廷風恋愛への嗜好もそうです。「僕自身の神話」と名付けられたもののなかで、彼は遍歴する騎士、偉大な正義の騎士としての責任を果たしているのです。

ジャック＝アラン・ミレール　そうです。ドン・キホーテ自身の臨床についてはどうでしょう？　この点、私たちはどういった診断が可能でしょうか。

シューラ・エルダー　「ふつうの精神病」。

ジャック＝アラン・ミレール　「ハムレット」についても同じで、明快な診断を下すのはとても難しいのですが、そんなふうに読み直す価値があるでしょう。どのように説明できるでしょう、最後に彼が気づくのは……（ここでエベ・チジオがジャック＝アラン・ミレールに誕生日のプレゼントとしてドン・キホーテの本が入った包みを贈る）。

ジャック＝アラン・ミレール　これはセルバンテス文化センター版です。この版があるのは知っていました。これはすばらしいです。どうもありがとう！　注のないラカンのセミネール出版とは違って、これは私が全く見たことのない、圧倒的な量の考証資料が載っていて、いろいろと学べそうです。しかしあなた方はもうすぐ出版される『サントーム』のセミネールのなかに、注をつけないという原則を犠牲にしないでもその要望に応えるために私が見つけたやり方を、ご覧になるでしょう。[21]

ところで臨床的な問題についてでした。私にドン・キホーテの臨床に関していろいろ考えさせて下さい。最後に彼は正気を取り戻します。ですから理由を探る必要があります。それはたんに彼が頭に被った衝撃のせいなのでしょうか。死が近づいたせいなのでしょうか。ラカンはジョイスの足跡を語っていますが、私たちはセルバンテスの足跡を追いましょう。彼には精神病的なものは何もありませんでしたが、私がそう思うのはその伝記を読んだからです。でもドン・キホーテ風の妄想全体をしぼませているものが何なのかを知ろうと試みるのは、興味深いことでしょう。

このことは症例エメ[22]について考えさせます。症例エメは、世界を満たしていたものの何かがしぼむようなときを含んでいます。精神病の治癒ではなく、ある出来事が生じて、そのおかげで主体は自分の活動に専念することができるようになるのです。ある人たちはエメはわずかだが妄想を持ち続けていたと考えています。文学の臨床は私たちの専門ではありませんし、それを好んでやるというのでもありませんが、その試みは興味深いことでしょう。

コンチャ・レチョン　この症例において夢の機能とはどのようなものか、より具体的に言うと「これ、これは〈夢〉です」と彼が言う夢の機能がどのようなものか自問しています。その夢ではまさに睾丸の位置にあ

20 （訳注） Robert Fisher, *El caballero de la armadura oxidada*, Obelisco, 1987.

21 （訳注） サントームのセミネールには、「補遺」として、ジャック・オベールによる参考文献リストやジャック＝アラン・ミレールによるトピックごとの解説などがつけられている。

22 （訳注） ジャック・ラカン『人格との関係からみたパラノイア性精神病』宮本忠雄、関忠盛訳、朝日出版社、１９８７年。

る傷跡が出現しています。

アマンダ・ゴヤ　確かに彼は大文字の定冠詞がついた〈夢〉として、それを持ってきました。でも治療のあいだずっと夢という生産物は存在し、その生産物は彼の転移や真理との関係……実際は捜査と、関係しているものでした。彼はつねにある隠された真理を追っていたのです。彼がこの夢を大文字の夢と形容しているのは、おそらく構造についてのたくさんの要素を含んでいるからなのでしょう。彼自身の神話と呼んでいるものを議題として取り上げているのはこの夢のなかにおいてであり、偉業、女性との関係、あの睾丸のない父との出会い、最後に夢についての解釈――この解釈に従えば、この夢が幻想の鍵を明らかにするか、それを活性化させる――を問題として取り上げているのも、この夢においてなのです。

ピエール＝ジル・ゲゲン　あなたが「生々しい」と形容された話し方で、彼は母親が「馬鹿者を埋葬した」と言い、続いて「タマのない」ひとりの父の夢を見ています。

アマンダ・ゴヤ　そうなのです。それからほんとうに最後のほうで母親がまたべつの男性と出会った夢を見たのですが、あたかもそこには母の去勢についての同意があるかのようです。母親には紳士的なパートナーを見つけて欲しいと言っています。この夢はある種、心の平安をもたらしています。夢というものはこの症例において大変重要なものです。

ジャック＝アラン・ミレール　第二部74章のセルバンテス、「ドン・キホーテはどういうふうに病いに落ちたか、および彼が作った遺言と彼の死去について」を読んでみます[23][24]。「人間にまつわる事柄はすべて永久不変ではない。常にその初めから、最後の結末まで下降をつづけてゆくもので、ことに人の生命にいたっては、なおさらである」。注釈者は「章の始めの部分は大変適切にも……」と言っています。これは別の声によるセルバンテスへの同意です。この種の注釈をどれほど私は書きたいことか！「ああ！　なんとラカンが言っていることは適切であろうか！　それもとくに私が編集したやり方は！」（笑）。「章の始めの部分は大変適切にも遺言を始めるための書式を思い出させるものである」。そうです。これはおまけにラカンが私に負わせた遺言によることを思い出させるものである……完璧です。たとえばガルシラソ・デ・ラ・ベガ[25]の遺言のなかにある「死は人間に自然なものであり、死が訪れる日と時は不確かであるにしろ、死は確実なものなのだから」など。

テキストは続きます。「かくてドン・キホーテの生命も、その過程をおしとどめる天の特別の免除を受けていたわけではなかったから、彼みずから考えてもいなかったときに、その最後と終末は来たのである。なぜならば、あるいは敗北を喫したということに由来した憂鬱のためであろうか、あるいはまた天意がそれを命じたためであろうか」。注は「当時の医学では、不吉なメランコリー気質が長引く悲しみを発生させると思われており、逆もまたしかりであると思われていた」（笑）。いや全くそのとおりです！　これは考慮すべき理論です。「……あるいはまた天意がそれを命じたためであろうか……」。これは神学的な臨床で、興味深い臨床ですね！「執拗な熱に取り憑かれて、そのために六日のあいだ床につかねばならなかったからであって、その六日のあいだはたびたび住職や得業士や床屋などの彼の友達が訪れて来たし、彼の良き従士サン

23（原注）ジャック＝アラン・ミレールはドン・キホーテのスペイン語版を読みあげている。引用箇所は、アリーヌ・シュルマン訳（パリ、スイユ社、１９９７年）を使用した。

24（訳注）ドン・キホーテの引用箇所は、すべて以下からそのまま引用した。セルバンテス『ドン・キホーテ第4巻』会田由訳、晶文社、第74章。ただしセルバンテス文化センター版にあるという注がついていないため、その部分は訳者の手による。

25（訳注）Garcilaso de la Vega（1539–1616）：16世紀に活躍したスペインを代表する詩人。『ソネット』『遺言書』などがある。

チョ・パンサも枕辺からはなれることはなかった」。何度も私は、私たち、つまりラカンと私のことですが、彼がドン・キホーテで、私はサンチョ・パンサだと思ったものです。または、彼はサミュエル・ジョンソンで、私はジェイムズ・ボズウェルだとも思いました[26]。

「これらの人々は、彼が敗北の憂き目をみた悲しさと、ドゥルシネーア[27]が自由の身になって魔法を解かれるという彼の願いがついにとげられなかった苦痛とが、こういう羽目に彼を追い込んだものと信じていたので、なんとかして、彼の気持ちをひきたてようというので、得業士は、元気を出して彼の言いだした羊飼いの仕事に手をつけるためにお起きなさい……」。ここ、これは行動主義的技法です。「もうわたしは羊飼い生活のためにサンナザーロがこれまでつくったすべての作品にも劣らないくらいの牧歌を一つつくりましたよ」。ここで注があります。「サンナザーロ（１４５８—１５３０）のことである。『アルカディア』に入っている牧歌に加えて、田園小説の模範としてたえず用いられたもっとも有名な作品、人文主義者たちに大変称賛されたラテン語による牧歌のシリーズ」。

「それに、羊を番させようと自分の金で2匹のすばらしい犬を買いましたよ、一方はバルシーノとよび、もう一方はブトロンというのですが、これはキンタナールのある牧場主から買い取ったんですよ」。2匹の名前については「犬によくある名。バルシーノは赤褐色と白の混じった毛をもち、ブトロンはおそらくハゲワシのような黄褐色をしている」とあります。バルシーノとブトロン、これはハムレットにあるローゼンクランツとギルデンスターン[28]のようですが、ゲーテは彼らがまったく人間的であると言っていて、ラカンがそれを取り上げています[29]。こちらは犬ですが、これは《犬たちの対話[30]》を思わせますね。「キンタナール・デ・ラ・オルデンは富豪ファン・ハルドゥードの故郷でもあった」。

「しかし、それだからといってドン・キホーテの淋しい気持はいっこうに晴れなかった。友人たちが医者をよぶと、医者は彼の脈をとってみたが、それはいささかも満足すべき状態ではなかった。そうして、何はともあれ、魂の冥福をお祈りなさい、なぜならからだのほうのそれはかなりむずかしいのだから、と言った。ドン・キホーテは、この医者の言葉を実に静かな気持で聞いていたが、（中略）しかし、家政婦や姪や従士はすでにドン・キホーテが死んでいるのを眼の前にしてでもいるかのように、はげしく泣きだしたのであった。心の憂いと味気なさが彼の生命を奪ってゆくのだ、というのが医者の診断であった。するとドン・キホーテは、少し寝たいから一人にしておいてくれと頼んだ。そこでひとびとが彼のそばから引き下がると、六時間のうえ彼は、よく世間で言うように、たてつづけに眠ったものだから……」。注は「熱と深い睡眠は精神的な健康が回復したサインであると見做されていた」。私にはその時代に精神的な健康について語られていたのかどうか分かりません。たぶんアナクロニズムでしょう。こういったものが最良の考証資料にも見られるのですね。確かめてみる必要がありそうです。

「家政婦と姪はこのまま長い眠りに入ったのではないかと思ったくらいであった。それだけ眠ると彼はふ

26（訳注）Samuel Johnson（1709–1784）はイングランドの詩人であり批評家。James Boswell（1740–1795）はスコットランドの法律家・作家で、伝記文学の傑作と評される『サミュエル・ジョンソン伝』を書いた。

27（訳注）小説のなかに出てくる、ドン・キホーテが空想で作り上げた憧れの貴婦人。

28（訳注）正気を失ったハムレットの様子を知るために、彼の叔父に命じられて呼び出されたハムレットの幼馴染のふたり。

29（訳注）J. Lacan, *L'instance de la Lettre dans l'inconscient,ou la raison depuis Freud*, in Écris, op.cit., p.506.「無意識における文字の審級、あるいはフロイト以降の理性」佐々木考次訳、『エクリⅡ』１９８７年、２８５頁、および Le séminaire LivreⅥ, Le désir et son interprétation, Paris, Éditions de La Martinière, 2013, ch.14.

と眼をさまして、大声を上げて次のように口走った」。注は「その表現はウルガタ聖書にあるイエスの死のときの表現と一致する」となっています。ドン・キホーテが大声を挙げたときに、それが聖書から来ていてイエス・キリストの模倣であるとは、私にはまったく思いつきませんでした。

「『全能の神はありがたいものじゃ。わしにかほどの恩恵を垂れ給うたからだ。要するに神のお慈悲には限度というものがないし、人間の罪悪もまたこのお慈悲をちぢめたり妨げたりするものではないわ』。姪はこの叔父の言葉にじっと耳を傾けていたが、それは少なくとも、彼が病いに伏して以来口にしていた言葉よりも、はるかに筋が通っていると思われたので、こう言って叔父に訊ねた。『叔父さま、何を言ってらっしゃるのですか？　何か変わったことでもあったんでございますか？　そのお慈悲というのはいったい何のことで、人間の罪悪とおっしゃるのは、何を指していらっしゃるのですか？』」。終わりまですべて読むつもりはありませんが、ドン・キホーテの返事は以下です。「……わしの数々の罪もそのお慈悲を妨げはしなかったのじゃ。わしは今、自由で明るい理性をとりもどしている。あの騎士道に関するいとわしい書物をおぞましくもつづけさまに耽読したために、わしの理性の上におおいかぶさっていた無知という霧のかかったかげさえないのじゃ」。

　こうして弁論は終わりました。例えば分析家たち——ポスト・フロイト主義者とその文献を読み過ぎている——にとっても事情は同じで、彼らはその読書のせいで愚かになっています。私はそれを苦々しく思いますし、ＩＰＡのひどい書物への嫌悪が続くというものです。でもエチゴーエンの著作だけは別ですが。

「わしは今にしてああいう書物の馬鹿馬鹿しさと欺瞞とがようやくわかるのじゃ。そしてただわしに残念なことは、この迷妄から目ざめるのがあまりにも遅すぎて、魂の光ともなるべき他の種類の書物を読んで、いくらかのつぐないをする時間がわしに残っていないということじゃ」。彼にはもうラカンを読む時間はありません。

「わしは、姪よ、もうすぐにも死にそうな気がいたすぞ。しかしなろうことなら、狂人という名を残すほどにもわしの生涯は不幸なものではなかったということを、人に知らせるような死に方をいたしたいと思うのだ。なるほどわしは間違いではあったが、せめてわしはいまわのきわに、まさにそれは本当だと認めさせたくはないのだ。おぬし、わしの親しい友達を呼んでくれぬか、あの住職や得業士サンソン・カラスコや床屋のニコラス親方をな。というのはわしは懺悔をして遺言書をつくりたいと思うからじゃ」。注があります。「アレホ・デ・ベネガは良き死を準備するために遺言[32]を作成すること、瀕死の者は近親者ではなく友人らに看取ってもらうことを勧めている。また終油の秘蹟と聖体拝領を受けるために罪を悔い改めることも勧めている」。

「しかし、3人そろってこのときはいって来たので、姪はわざわざ呼びに行くことはなかった。ドン・キホーテは彼らの姿を見るやいなやすぐにこう言った。『あんた方喜んでもらいたいよ。わしはもうドン・キホーテ・デ・ラ・マンチャではない。いつもわしの常住の言動のために〈善人〉というあだ名をもらってい

30　（訳注）セルバンテス『模範小説集』（*Novelas Ejemplares*）に収められた小説。1613年。

31　（原注）ここでジャック＝アラン・ミレールの次のコメントが挿入されている。それは形容詞〈*caliginosas*〉――どちらかと言えば「暗闇」に適用されるのは稀である――に関してであり、これ自体はフランス語の翻訳（訳注＝フランス語訳では「無知という分厚い影・陰」となっている）によっては理解されないものである。「しかしどうして〈*caliginosas*〉なのでしょう？　ロイヤル・アカデミーの辞書を見なければなりませんね。しかしそれが無知に結び付けられているのは興味深いですね……」。その辞書には、「濃い（*denso*）、暗い（*oscuro*）霧の多い（*nebuloso*）、霧の（*de niebla*）とある。

たアロンソ・キハーノになったのです。今ではわしはアマディース・デ・ガウラおよびそのおびただしい一族の有象無象の敵となったのです』[33]」。

こうしてドン・キホーテは最後に自分の名前、〈父の名〉を回復するのでした――分析もなしに。

オラシオ・カステ　私たちはみんな良いときを過ごしました。学びましたし、新たな思想の話題も出ました。近いうちにすべて書き起こされるでしょう。

32 ↗165頁。（訳注） Alejo de Vénega（1497－1562）：スペインの作家。

33 （原注） 直訳は「彼の言動が〈善人〉の〈名声〉、〈renombre〉に値した者」。注にはこうある「〈renombre〉という語を、我々は〈名声〉と同じく〈あだ名〉のことと理解していた。何故ならこの決定的なときに、騎士は文学的な人格と実際の人格とに対峙しているからである。ドン・キホーテという洗礼名で彼が自らを名乗るのは初めてのことであるし、彼の名がキハーノという形であらわれるのも同じく初めてのことである」。

あとがき

この書物はバルセロナのシャン・フロイディアン協会の臨床セクションにおける、20年にわたる徹底的な研修の成果を収録しています。スペイン全土から集まった二百人以上の実践家たちによる会合のなかで、六つの症例が「会話」のスタイルで――スペインではかなり容易に実践されているものです――つまり各自の豊かで情熱的な貢献を伴いながら、討論されました。この訓練は私たちの実践に関する、ラカン的な一つの評価方法と呼び得るものを、作り上げているものです。

精神分析の効果は評価されることができないと、主張する人たちもいます。しかしそれは世界精神分析協会（Association Mondiale de Psychanalyse : AMP）の見方ではありませんし、世界精神分析協会を構成する諸エコールの見方でもありません。とは言えその評価は、評価文化（Evaluation Culture）の基準とはべつの認識体系に基づく基準によってなされなければなりません。一方、認知行動療法およびＤＳＭ[1]を世に出したおぞましい企ては、評価文化に属するものです。

これら「評価的」諸方法は、人間の苦しみにたいして統計的手段を用いて客観的段階的尺度を与えるものだと、主張しています。しかしその方法はさまざまな苦しみを一緒くたに扱う、教条主義的マーケティング（Marketing）の諸方法に基づいています。それによって人間の寄る辺なさは薬剤の強制栄養と釣り合うものとされ、そのもっとも不適切なケースでは、ときに惨憺たる結果をもたらしつつ患者の苦しみを緩和するといったことがよく起こっています。また患者を沈黙させること、あるいはできるだけ迅速かつ見たところもっとも安上がりに――こうしたことはまだ証明されるべく残っていますが――治療を済ませようとすることも、つねに起きていることです。

この書物において生体内で（in vivo）[2]提示されている私たちの方法を検討するなら、その進展それ自体のなかで評価の一つの過程が作用しているのを――これはデータの統計的処理によってなされる平削り（標準化）操作とは真逆にあるものです――目撃することになるでしょう。その方法は非の打ちどころのない一つのロジックに対応していて、その厳密さは全く説得力に富むものです。

現象に反論することが問題になっているわけではありません。それとは逆に、私たちのエピステーメ（épistème）は、諸現象が患者の話においてどのようなものであるかということを掴み、そこから何が感じ取られるのかということに依拠しています。そういう理由でＤＳＭ以前に精神医学の名誉を作った、綿密な観察の伝統が再開されています。しかしながら統計の諸方法とは反対に、私たちのエピステーメは還元の一つの過程を経て――そこで知覚は概念に、現象はマテーム[3]に移行します――症例とその個別性を、そのぎりぎりの限界まで推し進めるのです。逆説的ですが、このようにより個別的なものを際立たせようと努めるこ

1（訳注）１９５２年にその第一版が出版され、その後随時更新されている。American Psychiatric Association, *Diagnostic and Statistical Manual of Mental Disorders.* American Psychiatric Pub. Inc.（アメリカ精神医学会『ＤＳＭ 精神疾患の診断・統計のマニュアル』医学書院）。

2（訳注）生物学の用語で、「生体外で（in vitro）」の対義語。

3（訳注）mathème とはラカンの用語で、精神分析の概念を代数学的な形式であらわしたもの。分析経験を正確に伝達するのに欠かせないものと捉えられている。

とによって、症例においてより伝達可能で普遍化可能なものに導かれます。ラカンはあまり臨床の症例を提示しませんでしたが、提示する場合には症例を範例にまで至らせていることについて私たちに注意を促しながら、このことを示していたのです。

　読めばお分かりになると思いますが、私たちの方法は帰結主義的な方法です。分析態勢に固有のことば（パロール）を受け入れる雰囲気、患者からの信頼に基づいた——正常化という一つの理想のもとでの人生指導に基づくのでは決してありません——雰囲気のなかで、私たちの方法は、人生の展望を閉ざす袋小路をまえに苦しみ、そこから脱出しようと努める者を導いてきたものに解決をもたらそうと努めるものです。ことば以外のどんな道具も用いられませんし、分析家が採用する正しい立場——介入をなるべく少なくしてそれを神託に至らしめようと努めること[4]——以外のどんな方法も用いられません。そのようにしてあり得る限りの結末を引き出し、少なくとも引き出そうと努めるのですが、それは分析家によって成し遂げられた歩みのその一歩一歩の重みを測ることによってなされるのと同様に、患者のひと言ひと言、言及された細部の一つ一つを真剣に取り上げることによってなされます。

＊＊＊

　ここに紹介された六つの症例は応用精神分析の症例です。私たちはそれを、ジャック＝アラン・ミレールが数年前に引き出した考え方に一致する、治療上の問いに応用された精神分析が問題となっているものと理解しています。ここでは精神分析のあらゆる資源を応用するのが適切です。完全な形式に則った精神分析が選ばれたひとびとに取っておかれているのかも知れない一方で、「単純化された」、もしくは堕落した方法を用いることが問題となっているというのでは、決してありません。

　これらは短期間の治療であり、なかには数回の面接でしかないものもありますが、ここで紹介されているものはそれぞれが一つの全体を構成している面接です。それは分析的治療が提供することのできるすべての資源を患者が使い果たしたからではなく、たんに最善が得られ、それより先へ進む必要に迫られることが全くなかったからです。もし患者が続けたいという欲望を持つのであれば、その先の面接が行われるでしょう。それは命じられてもいないし禁止されてもいません。ここでもなお、患者はその自由を行使できるのです。

これらの治療が無料もしくは大変安価に利用でき、公益性に配慮して設立された治療施設で進められたことに、最後に注意しておきましょう。研究所でもあるこれらの場所でつねにより多くの患者を受け入れられるよう、ラカン派の分析方法が用いられています。

この本に出てくる症例は非常に幅広い人間の苦しみに対応していて、多様な臨床構造――トラウマの神経症、強迫神経症、ヒステリーの神経症、大人の精神病、そして自閉症に極めて近い重篤な小児精神病――が説明されています。しかし重要なのは診断よりも、「会話」の進行にともなう治療の様態に関する評価であり、治療の性質、狙い、そして患者の苦しみにたいしてもたらされた効果の評価です。すべての症例において補助薬が必要とされなかったことは注目に値しますが、それが私たちの原則的立場であるというわけではありません。医師の処方上の問題です。

今日に至るまで、分析家は概して症例の治療的評価の問いにたいしほとんど関心を持たないできました。精神分析による苦しみの軽減は知られていましたし、私たちの雑誌や会合では数多くの症例でその軽減の到

4　（訳注）　謎めいた、連想を促すような「神託」のこと。（一義的な意味としての）神託を解釈として与える立場に分析家が立つという意味ではない。「神託的発話としての解釈」（フィンク『ラカン派精神分析入門――理論と技法』中西之信、椿田貴史、舟木徹男、信友建志訳、誠信書房、２００８年、66‐73頁）参照のこと。

来が簡潔に言及されてきました。しかし治療効果そのものはつねに——それは正当にも——「おまけで」生じるものと見做されてきました。それらの症例はむしろ、経験からくる信頼——精神分析の資源をうまく利用すればそれはかならず治療的なものであると判明する——のもとに、学説とその目的とを精錬しようと努めていたのです。

すでに手中にしていたこれらの結果により強い関心をもって取り組むことを、今日私たちは余儀なくされています。それはここ数年ヨーロッパ、とりわけフランスで起こった精神分析の学説にたいする激しい攻撃がもたらした、幸福な結末の一つです。

バルセロナの臨床的「会話」は、私たち自身にとって驚きでした。作業の質や症例の範例的価値にだけ驚かされたのではありません。ＥＬＰ（精神分析ラカン学派）の同僚たちにとってはそれらがいつものことであるのは、私たちも知っていましたから。その驚きは何よりもまず、患者の治療的改善に対応する諸々の事実を、ラカン的概念の枠組みのなかにいとも簡単に引き取り同化しうることを「会話」が示したということに因っています。事情に疎い聴衆の耳に入るかも知れない悪口に逆らって、「会話」は方法の有効性、非常に短い期間におけるその有効性さえも私たちに示したのです。

「会話」は次のようなやり方で展開されました。まず六つの症例が集められ、参加者宛てにメールで資料が送り届けられました。各自それを研究して当日に臨みましたが、期間中六つの症例は発表されませんでした[5]。この「会話」はバルセロナのとある特別室で催され、その座席は同心円的に配置されていました。ある日の午後、最初の三つの症例が検討され、その翌日の午前中に、残りの三つの症例が討論されました。会の最後にはサプライズがあり、ジャック゠アラン・ミレールがドン・キホーテの第二部74章に即興でコメントすることとなりました。こうして文明の永遠なるものと精神分析における迅速な治療効果とが、結び合わされたのです。

ピエール＝ジル・ゲゲン[6]

5 （訳注）「会話」当日の発表の形式については、訳者あとがきを参照のこと。

6 （訳注）Pierre-Gilles Guéguen：パリとレンヌで活躍する精神分析家。ＡＭＰ、ＥＣＦ会員。

訳者あとがき

本書は、Jacques-Alain Miller（Sous la direction de）, *Effets thérapeutiques rapides en psychanalyse:La Conversation de Barcelone*, Navarin, 2005の全訳である。２００５年2月12日午後と13日午前にバルセロナにて開催された世界精神分析協会（Association mondiale de Psychanalyse:AMP）主催の臨床検討会をほぼまるごと収録したものであり、臨床の初心者であろうがベテランであろうが、その面白さはダイレクトに伝わってくるのではないだろうか。

1　はじめに

フランスにはジャック・ラカンを臨床の礎とする「ラカン派」の精神分析団体が多数ある。その中でもっとも精力的に活動していると言われるのがエコール・ドゥ・ラ・コーズ・フロイディエンヌ（École de la Cause freudienne:ECF）であり、このＥＣＦをはじめ、ＥＣＦと考えを同じくするヨーロッパやラテン・アメリカなどの8つの団体が加入しているのが、この検討会を主催したＡＭＰである。その主導者は、ラカンの娘婿であり、ラカンによって講義録『セミネール』の編集を任されたジャック＝アラン・ミレール（Jacques-Alain Miller）である。「ラカン派」と言ってもその臨床の形は団体によって非常に異なっていることを考えれば、本書は「シャン・フロイディアン」（この語はＡＭＰに属する団体による精神分析運動すべてを指す総称のようなものである）の臨床検討会のライブ記録であると言うのがふさわしい。

２　テーマ「精神分析の迅速な治療効果」について

このテーマは言わば当時のフランス精神医療を取り巻く政治情勢により強いられたものだった。まず2003年「アコイエ修正法案」――セラピスト（精神分析家を含む）の養成は、国家が決めたプログラムに沿って行うという――が国会に提出された。これに対しミレールをはじめ臨床家らが各地で政治家や知識人を招いて抗議集会を開くなどした結果、翌年上記については撤回された。しかしこの頃インセルム（国立保健医学研究機構）が出版した効果研究の本『心理療法、評価された三つのアプローチ』には、精神分析よりも認知行動療法のほうが総じて治療効果があると結論づけられていた。本書で何度かほのめかされているのは以上の反精神分析的とも言える情勢のことであり（詳しくは立木康介「制度を使った精神療法とラカン派応用精神分析」多賀茂・三脇康生編『医療環境を変える』京都大学学術出版会、2008年所収を参照のこと）、この背景のもととAMPは短期間で効果をあげたと思われる症例を検討することに決めたのだった。ちなみにシャン・フロイディアンの考えでは、本来精神分析は治療効果を得ることを目的としていないし、短期間での終結を目指してもいない。確かに分析がはじまり無意識の開きが速やかに生じると、分析者（分析を受ける人、analysant）の多くははっきりと効果を感じたり症状に関して何らかの改善を認めたりするものである。とは言えそれは分析作業の始まりに過ぎないし、そもそも分析者は最初、自分が何に悩んでいるのか本当は知らないとも言え、「治療効果」なるものの定義もじつは難しい。少なくともフロイトは慎重な態度を取っていたし、ラカンも治療効果は分析の「おまけで」やってくると言った。だからこのテーマは論争を呼ぶものでもあったが、そのおかげで「応用精神分析」――分析家を生み出す「純粋な」分析以外の分析、本書の症例はすべてそれである――へのより熱心な取り組みや、「周期理論」を生むことにもなったのだった。

3　検討会当日の進め方

この検討会は初日午後と二日目午前、およそ3時間ずつ行われた。まず250名ほどは入るホールの中央に、円卓形に机が配置された。そこにジャック＝アラン・ミレール、ピエール＝ジル・ゲゲン（彼らはすべての検討に加わったという）と、ほかの分析家（15人前後で、症例ごとに多少入れ替わる）が座る。そして彼らの一段下に、取り囲むように参加者が座る。ここでもっとも特筆すべきことは、検討会の最中に症例がいっさい朗読されないことであろう。たとえば第一章ミンナの場合、「人生の糸」は読まれず、それは各自が数週間前に受け取り、読んでくることになっている。そして症例の提供者（アラセリ・フエンテス）とはべつの、あらかじめ選ばれた人が、症例をその人なりに要約し疑問点をあげて、討論の口火を切るのである（こうすることで症例についての複数の読解が最初から提示されることになる。最近の検討会では、この「要約紹介」の時間が長めに取られている）。ちなみに原書副題の「会話Conversation」とは、近代フランスのサロン文化における「会話」――政治・芸術などが真剣かつ洗練された形で「討論」された――に由来している（原書でこの語は頻出するが、「検討会」や「討論」と訳したところもある）。

4　症例へのコメント

本書には解説の必要な事項がたくさん盛り込まれているけれども、紙面に限りがあるため二つの症例にコメントするにとどめる。

第一章「症例ミンナ」は言わば危機介入の例であり、「トラウマの臨床」である。一般に「トラウマの臨床」では、過剰に生じた刺激を減らす目的で、原因となった出来事を話してもらう（集中的にであれ、そうでない形であれ）ことが多く、他にはＥＭＤＲ（眼球運動による脱感作と再処理法。ミレールが「新催眠術師」と批判しているのはこれに関してではなかろうか）などが知られる。しかしここでは分析家とミンナの出会いが解決策を示すような夢を次々と生み出すという、かなり特殊な臨床となっている。ミンナは現実界と遭遇したことで、親から譲り受けた自己犠牲を理想とする世界の住人ではいられなくなってしまったが、この症例からトラウマから解放されるためになぜ「透明性」や「エビデンス」を主張するセラピーではなく、精神分析でなければならないのか、その理由のひとつを読み取ることができるだろう。それは現実界との出会いこそが症状を生みだすけれども、この出来事そのものはことばによって正確に写し取られるものではないからだ。私たちが捉えられるのは、その出来事と主体（分析者）のあいだにどのような関わりが生じ、なにをもたらしたのかということだけなのである。ミンナの場合、それは「横たわるキリスト」像の非難する視線であり、父の視線であった。この、主体に全く個別のものを面接で取り出し解決に導かないのであれば、それはいつまでも体内における異物のように、ミンナを苦しめ続けたことだろう。

第五章のぺぺは小児精神病である。幻聴幻覚があり、言語に異常があるなど、かなり治療的に難しい子どもであろう。にもかかわらず「開いているもの」「穴」が主体にとって「耐えがたいもの」であると同定・区切られる（それが即、解釈になる）ことで、治療が短期間で着実に進展していくさまには驚かされる。この症例ではとくに興味深いことが二つある。一つは主体が己の身体を作り上げることと現実が構成されることとの関係が描かれていることであり、もう一つは幻覚的な声・音から、そうではない声・音へ、ひいては言語の世界が設立されていく過程を、垣間見ることができることである。

シャン・フロイディアンの臨床上の特徴のひとつは本書で何度も言及されているように主体の個別性を推し進めようとする点にあると言える。確固とした転移の中、悩み苦しむ主体がラカンの言う「分析家の欲望」と出会うことによって、本書にあるような優れた臨床が生まれることになる。

翻って日本の分析の状況はと言えば、残念ながらまだシャン・フロイディアンで正式に精神分析家として認められた日本人はいない。訳者も諸先輩方にならいフランスに留学したときに分析をはじめ、帰国後も毎年渡仏し分析とコントロールを続けている。しかし分析環境に恵まれているフランス人ですら、「純粋な」

分析は非常に長い年月（十数年とも数十年とも言われる）を要することもめずらしくない。これは質の高い確かな臨床の実践のためには、「極限点」まで各自が分析を進める必要があるという考えによるものである。

5　翻訳について

この症例検討会はスペイン語で行われ、ライブ録音をテキスト化したものがまずフランス語に訳され出版された。訳者はこのフランス語版を参照したが、誤訳と思われる箇所や不明瞭な箇所が少なからずあったため、関係者たちに質問のメールを送り、何とかひととおり訳すことができた。とは言え返事がなく曖昧なまま訳さざるを得なかった箇所も相当残り、また自身の力不足もあって、間違いも多いと思われる。読者の方にはご教示頂ければ幸いである。ラカン独自の用語については様々な理解が可能なことは言うまでもないが、参考までに訳注をいくつかつけることにした。また録音がテキスト化された際に削除された部分が数か所あるようである。読んでいて違和感を覚えられたらそのせいかも知れない。

本書を読んでシャン・フロイディアンの臨床に興味を持つ人が増えればとても嬉しい。この症例検討会のシリーズは福村出版から順次刊行される予定である。そちらも楽しみに待って頂ければ誠に幸いである。

謝辞

福村出版の松山由理子さんへ。出版にまつわる困難にたいしてご尽力頂いた。分析家たち、とくにアラセリ・フエンテスとミケル・バッソル、ピエール＝ジル・ゲゲンへ。スペイン語版も参照しながら多くの質問に答え、作業を励まして下さった。家族、とくに伊藤啓輔へ。最初の読者として気付いた点を沢山指摘し、訳注作成も協力してくれた。最後に訳者の最初の分析家であった故ピエール・スクリャビンと、その亡き後分析を引き受けつねに温かく励まして下さるジャック＝アラン・ミレールへ。心からの感謝を捧げる。

森　綾子

平成30年7月

監修者紹介

ジャック＝アラン・ミレール（JACQUES-ALAIN MILLER）

1944年　シャトルー（フランス）生まれ、精神分析家。

高等師範学校（ENS）卒業。在学中ルイ・アルチュセールのすすめでジャック・ラカンの講義に出席しはじめる。ラカンの死後1981年からエコール・ドゥ・ラ・コーズ・フロイディエンヌを率い、1992年には世界精神分析協会を設立。パリ第八大学精神分析科での「ラカン的オリエンテーション」と題する講義の多くはスペイン語で書籍化され、また雑誌*La Cause freudienne*、*La Cause du Désir*に収録されている。ラカンの講義録「セミネール」の編集のほか、著書、論文、記事など多数。現代フランスの知識人の一人とみなされている。

訳者紹介

森　綾子（もり　あやこ）

1971年　広島県生まれ、臨床心理士。

1996年　慶應義塾大学大学院社会学研究科社会学専攻修士課程修了

2002年　パリ第八大学大学院精神分析科博士課程単位取得退学

現　在　護国寺こころの森相談室室長

　　　　渡辺メンタルクリニックカウンセラー

精神分析の迅速な治療効果——現代の生きづらさから解放されるための症例集

2018年 9月5日　初版第1刷発行

監修者　ジャック＝アラン・ミレール

訳　者　森　綾子

発行者　宮 下 基 幸

発行所　福村出版株式会社

〒113-0034 東京都文京区湯島 2-14-11

電話　03-5812-9702　FAX　03-5812-9705

https://www.fukumura.co.jp

印　刷　モリモト印刷株式会社

製　本　協栄製本株式会社

ISBN978-4-571-24070-6 C3011　Printed in Japan　